# The ABLLS-R®

The Assessment of Basic Language and Learning Skills

Scoring Instruction & IEP Development Guide

## 언어·학습 기능평가 안내서

(평가 채점, 개인별 교육프로그램 개발)

저자 제임스 W. 파팅턴

공역 그레이스 조, 명 석 호

Partington Behavior Analysts

한국행동분석평가교육원

연경문화사

# 역자 서문

장애학생의 특성으로 인하여 그들의 교육에는 많은 노력과 희생이 따른다. 일반 학생과 비교해 볼 때 자폐를 비롯한 발달장애 학생의 경우 유사한 기능들을 습득하는 데 더 많은 시간과 노력을 필요로 한다. 특히 그들의 기능에 대한 정확한 평가 없이 일반적으로 구조화된 교육방법을 단순히 적용하게 되면 비효율적이고 비효과적인 결과를 초래한다. 따라서 학생이 현재 할 수 있는 기능과 할 수 없는 기능을 정확히 파악하여 이를 토대로 교육계획을 수립하고 교육과 훈련을 실시해야 하며 기능의 발달 정도를 지속적으로 추적할 필요가 있다. 이러한 현실적 필요성을 충족시켜 줄 수 있는 평가도구를 모색하던 중에 미국행동분석전문가(BCBA)이자 언어행동(Verbal Behavior)학자인 Partington 박사가 저술한 The Assessment of Basic Language and Learning Skills(ABLLS-R)를 접하게 되었고 이 책이 발달장애 아동을 위한 언어, 학습, 생활, 운동 기능의 종합적 발달에 유용할 것으로 생각되어 한국어 출판을 기획하게 되었다.

이 책은 언어·학습 기능평가 안내서(The ABLLS-R Scoring Instruction and IEP Development Guide)와 언어·학습 기능평가 기준서(The ABLLS-R Protocol) 2권으로 구성되어 있다. 안내서는 채점방법과 개인별 교육프로그램(IEP)의 개발 및 기능 추적표를 작성하는 방법에 대하여 설명하고, 기준서는 평가학생의 평가점수를 기록하고 학생이 수행할 수 있는 현재 수준의 기능들에 대한 절대평가 정보들을 제공하여 부모와 전문가에게 교육계획 수립의 토대를 제공한다.

이 책은 응용행동분석의 원리를 기반으로 평가와 분석, 계획의 수립, 교육과 훈련이 진행될 수 있도록 체계적인 정보를 제공하고 있다. 특히 스키너의 '언어행동'을 바탕으로 언어와 학습 기능에 대한 검증된 평가도구와 훈련방법들을 제시하고 있다. ABLLS-R은 25개 영역별로 모두

544개 평가항목으로 구성되어 있으며 다음과 같은 3가지 특징을 가지고 있다. 첫째, 평가 도구(Assessment Tool)로서 학생이 현재 가지고 있는 기능을 영역별로 분석하여 평가학생의 장점과 단점을 종합적으로 파악할 수 있다. 둘째, 기능 추적시스템(Skill Tracking System)으로서 특별히 고안된 기능 추적표를 사용하여 아동의 기능 발달을 지속적으로 측정하고 관찰·감독할 수 있다. 셋째, 교육과정 개발 지침(Curriculum Guide)으로서 학습 우선순위를 결정하고 학습목표를 설정하여 이를 바탕으로 학생에게 적합한 교육과정과 개인별 교육프로그램을 수립할 수 있다.

지난 2년 동안 ABLLS-R을 번역하고 표준화하는 과정을 거쳐 마침 내 한국어판을 출간하게 되었다. 그동안 자문해 주시고 조언을 아끼지 않으신 국·내외의 행동분석전문가, 특수교육전문가, 국어학자, 언어학자 등 많은 분들에게 감사드리며, 특히 표준화 과정에서 장애 자녀들과 함께 연구에 직접 참여해 주신 부모님들과 교사들에게 진심으로 감사드린다. 이 책이 발달장애 학생들을 양육하고 교육하는 부모와 교사들에게 유용한 도구가 될 수 있고, 장애 학생에게는 기능발달의 기쁨을 공유할 수 있는 계기가 될 수 있기를 진심으로 바란다. 마지막으로 한국어판을 허락하신 Partington 박사, 연구에 참여한 한국 행동분석평가교육원, 출판을 맡아주신 연경문화사에 다시 한 번 감사드린다.

2014년 1월 역자

# 감사의 글

스키너의 언어행동 분석(1957)은 현재 수준의 언어 능력을 기초로 하여 기능을 평가하는 데 있어서 개념적 토대의 역할을 한다. 언어 평가를 위하여 스키너의 언어행동 분석방법을 적용하고 이를 최초로 출판한 프로그램은 'Parsons 언어 사례'(Spradlin, 1963)이다. Spradlin박사는 발달장애를 지닌 사람들을 위하여 스키너의 언어행동 분석방법을 적용한 이 분야의 개척자이며, 행동적 언어 평가와 관련된 수 많은 후속 프로젝트에 영감을 불어 넣은 선구자이다(예: Sloan & MacAuley, 1968; Sundberg, 1983; Sundberg, Ray, Brram, Stafford, Rueber, 1980). 현존하는 수많은 평가 요소들이 Spradlin의 초기 업적과 이후의 프로젝트들로부터 도출되었다.

The ABLLS-R®도 여러 해 동안의 노력의 결과이며, 많은 정보원으로부터 수집한 정보자료를 포함하고 있다. 이와 유사한 대부분의 프로젝트에서처럼, 최종 결과물을 얻기 위한 발전 과정에서 많은 사람들이 다양한 방법으로 기여해 왔다. Behavior Analysts사의 직원이나 동료들이 실질적으로 크게 기여하였다. 특히, 저자는 Cathleen Bailey, Monica Berryhill, Laurie Bochew, CCC-SLP, Dr. Sharon Bradley-Johonson, Deb Brown, Autumn Burnside, Schelley Conklin, Gwen Dwiggins, Katie Endicott, Michelle Gansen-Hedegaard, David Garcia, Nancy Hanebury, Jamie Hughes, Nikki Judd, Carmen Martin, Kat Mulcahy, Dr. Pamela Osanws, Danielle Owens, Dr. Mary, Ann Powers, Cathy Santopadre, Denise Senick-Pirri, CCC-SLP, Michelle Sullivan, Dr. Mark Sundberg, Becky Watson, 그리고 Rob Willis가 제공한 정보와 의견에 대하여 감사하고 싶다. 또한 이 책이 완성될 때까지 격려를 아끼지 않은 많은 사람들이 있는데, 이 책이 나오기까지 계속 격려하면서 멘토 역할을 해준 Jack Michael 박사와 Jon Bailey 박사, 그리고 친구인 Gerald Shook 박사, Sharon Brenneise, Gray & Judy Collins, Lorie Schultz, Barbara Young, Ed

Santopadre에게 특히 감사한다. 또한 저자는 시간을 내어 이 작업을 수행할 수 있도록 도와준 Roz Kuritz, Caril Tallman, Laurie Winkler의 행정적인 지원에 감사한다.

가장 중요한 것은, 이 프로젝트를 위하여 계속된 작업을 인내로 견뎌준 나의 가족에게 특별히 감사한다. 특히 이 모든 것은 인내와 지지, 그리고 언어행동에 대한 사례를 끊임없이 제공해준 아내인 Terry Partington, 그리고 자녀인 Scott과 Sonja Partington의 덕분이다.

물론 헌신적인 전문가들의 교육을 받고 있는 아동들과 그 부모들이 없었다면 이 작업은 무의미했을 것이다. 우리에게 많은 것을 가르쳐준 모든 아동들에게 감사한다.

# 한국어판 출간을 기념하면서

모든 부모들은 자녀들이 행복하고, 어른으로 성장하면서 자신에게 도움이 되는 여러 가지 필요한 기능들을 발달시켜 나가기를 원한다. 불행히도 어릴 때부터 정상적인 발달이 어려운 아동들이 있다. 그들은 매우 중요한 언어, 사회성, 자조 기능들을 일반 아동들처럼 배우지 못한다. 아동들은 이러한 지체된 몇 가지 기능들 때문에 자폐나 발달장애로 진단을 받게 된다.

아동이 발달장애가 있을 때, 부모는 자녀를 돕기 위한 지침과 효과적인 치료를 제공해 줄 수 있는 전문가의 도움이 필요하다. 집중적인 조기 치료가 아동들이 발달지체를 극복하고, 행복하고 건설적인 생활을 가능하게 한다는 것을 입증해 주는 많은 연구들이 있다. 이러한 치료들은 아동의 잠재력을 극대화하고, 학습에 필요한 기능들을 체계적으로 가르치고, 아동마다 개별화된 교육에 초점을 맞추어야 한다.

아동에게 가르쳐야 할 기능들을 선정하고 우선순위를 결정하는 과정을 부모가 이해하는 것은 매우 중요하다. 자녀들이 할 수 없다고 생각되는 기능들 가운데 몇 가지는 가르치기 쉽다고 생각되지만, 다른 중요한 기능들이 결핍되어 있기 때문에 실제적으로 가르치기가 매우 어려울 수 있다. 그러므로 발달장애 아동들에게 일반 아동들이 통상적으로 수행 가능한 기능들을 가르치기 전에 아동들이 보다 쉬운 선행 기능들을 우선적으로 배울 수 있도록 학습 내용을 주의 깊게 구성해야 한다. 또한 부모들은 구조화된 수업시간 뿐만 아니라 식사, 의복 착용, 목욕과 같은 일상적인 생활 속에서도 자녀들에게 새로운 기능들을 가르칠 수 있는 방법을 배울 필요가 있다. 부모와 자녀의 상호작용은 부모가 자녀의 기능 발달을 도울 수 있는 소중한 기회가 되기 때문에 매우 중요하다.

그러므로 부모나 교사는 아동이 현재 학습하고 있는 것과 다음에 가르쳐야 할 것을 정확이 파악하는 것이 매우 중요하다. 이 책은 교사나 부모가 아동의 수행 가능한 기능과 결핍된 기능을 파악할 수 있는 방법을 제공한다. 또한 자폐나 다른 발달장애 아동의 언어기능과 학습기능의 교육에 도움이 되는 평가 도구, 교육과정 지침, 기능 추적시스템을 제공하고 있다. 실질적이고 친 부모적인 이 도구들은 일반 아동들이 유치원에 들어가기 전에 습득하게 되는 언어, 사회적 상호 작용, 자조, 학습, 동작 기능들로 구성된 25기능 영역에 속해 있는 544개 기능들을 종합적으로 검토할 수 있게 한다. 각 기능 영역 내의 과제 항목들은 간단한 과제로부터 시작하여 매우 복잡한 과제로 배열되어 있다. 평가 결과는 아동의 새로운 기능 습득을 방해하는 요소들을 정확하게 파악하여, 종합적이고 개별적이며 언어를 기반으로 하는 교육과정의 개발에 도움이 된다.

표현언어 기능들의 평가는 스키너 박사가 그의 저서인 '언어행동'에서 제시한 언어의 행동적 분석을 바탕으로 하고 있다. 이 분석은 아동이 효과적으로 의사소통을 하고 일상의 경험으로부터 학습하는 데 필요한 언어기능들을 파악하는 데 효과적이다.

'언어·학습 기능평가'는 기준서와 안내서 2권으로 구성되어 있다. 기준서는 과제항목에 대한 아동의 수행 수준을 점수로 평가하기 위하여 사용되며, 아동의 주요 기능 습득과 관련하여 아동의 발달 정도를 관찰하고 자료화할 수 있게 하는 기능 추적시스템을 구성하는 일련의 도표를 포함하고 있다. 또한 기준서는 평가에 포함된 여러 특정한 기능들의 추적을 돕는 15개의 부록들을 제공하고 있다. 안내서는 '언어·학습 기능평가'의 특징, 기능 항목에 대한 올바른 점수 평가 방법, 아동의 학습 욕구를 명확히 정의하고 이에 초점을 맞춘 개인별 교육프로그램의 목표와 목적의 개발 방법에 대한 정보를 제공하고 있다.

'언어·학습 기능평가'는 여러 나라에서 많은 아동들에게 유용한 평가도구임이 입증되었으며, 이제 한국에서도 발달장애 아동들을 양육하고 교육하는 부모와 교사에게 도움이 될 것이다. Dr. Grace Cho와 명석호 교수가 이 평가도구를 한국의 아동들에게 도움이 될 수 있도록 많은 시간을 할애하여 한국어로 번역을 마쳤다. 그들은 영어와 한국어의 언어적 차이와 미국과 한국의 문화적 차이로 인한 문제점을 고려하면서 한국의 현실에 적합하게 번역하였다.

나의 바람은 발달장애 아동들이 자신의 모든 잠재 능력을 발휘하고 일상 경험이 제공하는 모든 즐거움을 만끽할 수 있도록 도와 줄 수 있는 최고의 교육 내용을 세계의 모든 부모들과 교사들이 항상 사용할 수 있게 하는 것이다. 한국어판 평가서를 출간하게 되어 진심으로 기쁘게 생각한다. 이 평가서는 많은 아동들이 그들의 기능들을 가장 효과적인 방법으로 발달시킬 수 있고 생활 속에서 즐거움을 느낄 수 있도록 부모나 교사들이 아동들을 도울 수 있는 유용한 도구임이 틀림없다.

나는 이 평가서를 한국어로 충실하게 번역하기 위하여 두 사람이 보여준 노고에 대하여 매우 자랑스럽게 생각한다. 그들은 나의 독창적인 견해를 반영하면서 이를 한국의 문화와 적절히 융화시켰다. 나는 이 평가서가 발달장애 아동들의 부모와 교사에게 도움이 될 것으로 확신하며, 한국에서 여러분들과 곧 만날 수 있기를 기대한다.

*Dr. James W. Partington, Ph.D., BCBA-D*

# 목 차

ABLLS-R(에이블스)에 대한 문의 사항을 hemovi@naver.com으로 보내주시면 상세하게 안내해드립니다.

# The ABLLS-R® 개요

**언어·학습 기능평가-개정판**(The Assessment of Basic Language and Learning Skills-Revised, 이하 The ABLLS-R®)은 언어지체가 있는 아동들을 위한 기능평가, 교육과정, 기능 추적시스템에 대한 내용들을 포함하고 있다. The ABLLS-R®은 일상의 경험을 활용하여 학습활동을 수행하고 성공적인 의사소통에 필수적인 여러 기능들에 대한 과제분석 내용도 포함하고 있다. The ABLLS-R®은 The ABLLS®(Partington & Sunburg, 1998)의 초기 버전을 개량하여 특별한 기능의 장점과 약점들을 파악하는 데 도움이 되는 많은 새로운 문항들을 포함하고 있다. The ABLLS-R®의 한국어판은 The ABLLS-R®의 내용을 한국의 상황에 맞게 일부 내용을 수정하고, 저자와의 심도 있는 검토 및 표준화 과정과 시험을 거쳐 발간하게 되었다.

The ABLLS-R®은 2권의 책으로 구성되어 있다. **The ABLLS-R® 기준서**(The ABLLS-R® Protocol)는 평가 아동의 평가점수를 기록하는 데 사용되고, **The ABLLS-R® 안내서**(The ABLLS-R® Scoring Instruction and IEP Development Guide)는 채점 방법과 개인별 교육프로그램(IEP)의 개발에 대하여 설명하고 있다. The ABLLS-R® 기준서는 부모와 전문가에게 교육목표 선정의 기초가 되는 여러 가지 정보들을 제공해 주는데, 이러한 정보들은 현재 시점에서 아동이 수행할 수 있는 기능들에 대한 절대평가 정보들을 포함하고 있다. 또한 The ABLLS-R® 기준서는 아동이 중요한 기능들을 습득하는 과정을 관찰하고 이것을 문서로 기록하여 자료화 하고, 발달이 필요한 기능영역들을 파악할 수 있게 하는 기능 추적시스템을 구성하고 있는 기능 추적표를 포함하고 있다.

이 책은 The ABLLS-R® 안내서로서 2가지 목적을 가지고 있다. 첫째는, The ABLLS-R ® 기준서의 채점 방법과 기능 추적표의 작성 방법을 설명하는 것이고, 둘째는, 평가아동에게 적합한 개인별 교육프로그램을 개발하기 위하여 부모, 교사 또는 다른 전문가들이 완성된 The ABLLS-R® 기준서를 활용할 수 있도록 돕는 것이다.

비록 The ABLLS-R® 기준서가 광범위한 기능 항목들을 제시하지만, 개별 아동에게 적합한 교육의 우선순위를 쉽게 결정해 줄 수 있는 방법과 그러한 기능들을 가르치는 데 필요한 구체적인 수단들을 모두 포함하고 있는 것은 아니다. 교육프로그램을 개발하는 과정에서 학습과제와 구체적인 수업방법을 선택할 때에는 주의를 기울여야 한다. The ABLLS-R® 안내서는 채점 결과를 가지고 개별 학생을 위한 교육의 우선순위를 결정하고 그에게 적합한 교육목표를 선정하는 데 도움이 될 수 있도록 The ABLLS-R®의 채점 결과에 대한 분석 전략을 제공한다.

The ABLLS-R® 기준서와 The ABLLS-R® 안내서는 미국 Behavior Analysts, Inc.에서 출간한 2권의 책으로 언어 지체가 있는 아동에 대한 중재개입의 핵심이라고 할 수 있는 특정한 기능을 파악하는 절차에 대하여 부모와 교사들에게 도움을 제공한다. 함께 사용할 수 있는 책으로 **'자폐나 다른 발달장애 아동의 언어 교육'**(Teaching Language to Children With Autism or other Developmental Disabilities(Sunburg & Patington, 1998)은 이러한 결정적으로 중요한 기능들을 가르치는 방법들에 대하여 자세히 설명하고 있다. **'언어행동 연구논문 모음집'**(A Collection of reprints on Verbal Behavior(Sunburg & Michael, 1998)) 제4판은 언어에 대하여 행동주의적 입장에서 접근한 개념적이고 실험적인 연구 논문들을 포함하고 있다.

## 1. 목적

The ABLLS-R®의 목적은 아동들이 일상생활 속에서 더욱 효과적으로 학습할 수 있도록, 중재개입을 필요로 하는 언어기능과 다른 결정적인 학습기능들을 파악하는 것이다. 이러한 기능들은 The ABLLS-R® 기준서의 '기본 학습자기능 영역'에 열거되어 있다. 두 번째 목적은 학업, 자조, 동작 기능을 포함하여 여러 다른 중요한 영역에서 아동의 특정한 기능들을 파악할 수 있는 방법을 제공하는 것이다. 마지막으로 The ABLLS-R® 기준서는 언어지체 아동마다 그에게 적합한 교육프로그램을 개발하는 과정에서 그 안에 포함시켜야 할 교육과정에 대한 지침을 제공하고, 새로 습득한 기능들을 추적시스템에 시각적으로 표시하는 방법도 제공한다.

## 2. 이론적 근거

언어지체 아동과 함께 생활하거나 그들을 돕고 있는 부모나 교사들은 아동 개개인마다 반드시 습득해야 하는 여러 종류의 기능들이 있다는 것을 알고 있다. 아동들의 중재개입에 관련된 사람들은 다른 사람들이 그다지 중요하다고 생각하지 않는 어떤 기능을 그 아동이 습득하는 것이 그에게 있어서는 중요한 돌파구라고 생각할 수 있다. 그러나 관련된 사람들은 정상적으로 발달하고 있는 아동들과 비교해 볼 때 장애아동들이 어떤 유사한 기능을 습득하기 위하여 필요 이상으로 시간이 많이 소요되고, 교육 방법 역시 지나치게 복잡하다는 점을 잘 알고 있다.

부모나 교사들이 현 시점에서 중점적으로 교육해야 할 기능들을 결정하기 위하여 아동이 할 수 있는 기능과 할 수 없는 기능을 파악하는 것은 매우 중요한 사항이다. 몇 가지 결정적인 기능들을 가르치는 것은 복잡한 가르침 없이도 다른 많은 기능들을 빠르게 습득할 수 있는 결과를 얻을 수 있고 동기부여 조건도 정교하게 고안해 낼 수 있다. 언어지체 아동들을 위한 교육활동은 비 구조화된 일상활동 속에서도 아동에게 배움을 제공할 수 있는 기능들을 그들에게 가르치는 데 초점을 맞추어야 한다. 대부분의 아동들은 능력 있는 교사가 제공하는 효과적인 교수전략의 혜택을 누릴 수 있다. 그러나 고도로 훈련된 교사의 도움 없이도 아동에게 많은 기능들을 습득할 수 있게 하는 일반화된 학습기능들을 발달시켜 나가는 것도 중요하다. 그러므로 언어기능과 다른 결정적인 학습기능들에 대한 절대평가는 아동이 현재 수행 가능한 기능들을 파악하기 위한 토대의 역할을 한다. 또한 그것은 아동이 고도로 전문화된 지도 없이도 '학습을 위해서 배워야 할' 기능들을 발달시키는 데 필요한 새로운 기능들의 선택에 있어서 길잡이 역할을 한다.

## 3. 고유한 특징

이 평가서의 평가 대상이 되는 여러 기능 영역들을 다루고 있는 다른 여러 평가방법들이 있지만, 이 평가서는 여러 측면에서 독특하다. The ABLLS-R® 기준서는 다양한 언어기능들을 평가하도록 고안되었다. 또한, 그것은 아동에게 반응을 일으키게 하는 동기, 다양한 환경자극(언어적 그리고 비언어적)에 주의를 기울일 수 있는 아동의 능력, 기능들을 일반화할 수 있는 아동의 능력, 그러한 기능들의 자발적 사용과 관련된 아동의 성향을 설명하기 위하여 고안되었다. 아래에서 이러한 특징들에 대하여 더욱 자세히 서술할 것이다.

### (1) 언어

The ABLLS-R®의 가장 중요한 특징은 스키너 박사가 그의 저서인 '언어행동'(Verbal Behavior, 1957)에서 제시한 언어의 행동적 분석에 기초한 평가방법이다. 개인들이 언어를 사용하게 되는 맥락과 여러 다른 환경적 상황을 고려하여 언어를 가르쳐야 한다는 것을 강조하는 스키너의 언어분석은 매우 가치 있는 것으로 입증됐다.

스키너의 언어분석은 언어가 발생하는 여러 다른 환경적(즉, 실용적) 조건에 일차적으로 초점을 맞추고 있는 기능분석이다. 이러한 접근의 결과로, 스키너는 여러 다른 형태의 표현언어를 확인했다. 이렇게 확인된 표현언어가 다른 언어평가 방법들 속에 통상적으로 포함될 경우, 특정한 언어결핍들이 드러나지 않고 감추어 질 수 있다. 스키너의 분석은 중재개입이 필요한 대부분의 영역에서뿐만 아니라, 많은 자폐아동이 경험하게 되는 특정한 언어결핍까지도 모두 파악할 수 있게 하는 중요한 도구임이 입증되었다.

### (2) 동기부여

The ABLLS-R®에는 아동에게 영향을 미칠 수 있는 동기부여 조건들에 대한 분석 정보들을 제공해주는 많은 평가항목들이 포함되어 있다. 어떤 기능들은 자연적으로 동기가 부여되는 상황에서 나타나고, 또 다른 어떤 기능들은 인위적으로 동기를 부여할 경우에 나타나는 것으로 확인된다. 그러므로 다양한 동기부여 조건 아래에서 아동의 기능을 파악할 수 있게 하는 많은 과제항목들이 고안되었다. 추가적으로 칭찬이나 다른 사회 지향적 형태의 강화제에 의하여 강화되는 아동의 능력들도 검토할 수 있게 하였다.

### (3) 복합 자극

현재 체험 중인 경험으로부터 배우기 위하여, 개인들은 현존하는 모든 중요한 자극에 주의를 기울일 필요가 있다. The ABLLS-R®은 다양하게 결합된 자극들에 주의를 기울일 수 있는 아동의 능력을 평가한다. 많은 언어지체 아동들 특히 자폐아동들은 어떤 복합자극에 주의를 기울이는 데 어려움을 가지고 있다(예를 들면, 언어와 시각적 자극이 복합된 과제). 자연 환경 내의 수 많은 언어요소들은 복잡한 자극조건들을 포함하고 있기 때문에 The ABLLS-R®의 여러 평가항목들은 이러한 능력들을 평가한다.

### (4) 일반화

The ABLLS-R®은 아동이 새로운 상황에서 언어기능들을 일반화할 수 있는 능력들을 평가한다. 대부분의 아동들은 특정한 기능들을 배울 수 있다. 그렇지만 아동이 다양한 상황에서 이러한 기능들을 사용할 수 없다면 이러한 기능들은 아동에게 도움이 되지 못할 것이다. 다른 학습자료들이 다른 시간에 다른 사회적 상황과 다른 언어적 정황에서 다른 사람에 의하여 제시될 때, 그 언어기능들이 제 기능을 다하는 것은 중요하다.

### (5) 자발성

The ABLLS-R®은 아동이 다른 사람의 촉진 없이도 언어기능들을 사용할 수 있는 능력을 평가한다. 아동의 자발적인 언어 사용은 언어 습득에 있어서 중요한 이정표가 되며 언어를 자발적으로 사용하지 못하는 경우에는 이를 파악하여 중재개입 프로그램에서 적절히 다루어야 한다.

### (6) 유창성

기능발달과 관련된 주된 연구영역 가운데 하나는 '아동이 기본적인 기능은 습득하지만 다양한 상황에서 그 기능을 필요로 할 때 신속하게 사용할 수 있는 능력이 결여되어 있다'는 점이다(예를 들면, 기본기능을 필요로 하는 더 복잡한 기능 습득하기, 습득한 기능을 일상적인 활동 속에서 사용하기). 그러므로 The ABLLS-R® 기준서에는 아동들이 습득한 기능을 능숙하게 사용하는 데 도움이 되는 평가기준을 포함하고 있다.

### (7) 관심 공유 (Joint Attention)

주목할 만한 또 다른 연구 영역은 두 사람 사이에 일어난 사건이나 이야기 소재에 대하여 아동이 다른 사람들과 관심사를 공유할 수 있는 아동의 능력에 관한 것이다. 다른 사람들이 유사한 사건이나 이야기 소재에 관심을 가지고 있다는 사실을 파악하는 능력은 수준 높은 사회적 상호작용의 발달에 중요한 역할을 하는 기능이다. 그래서 The ABLLS-R®에는 여러 가지 새로운 평가항목들이 이러한 중요한 기능 영역을 추적하고 발달시키는 데 도움이 될 수 있도록 추가되었다.

### (8) 학습자의 준비성

아동이 새로운 기능을 습득하는 능력에 영향을 미치는 주된 요소 가운데 하나는 그를 가르치는 사람들의 지시를 따르려는 자발적 의지이다. 그러므로 교사가 강력한 강화제를 빈번하게 사용하지 않고 단지 사회적 강화제를 간헐적으로 사용해도 아동이 간단한 지시를 따를 수 있을 때 교사는 보다 쉽게 가르칠 수 있다. The ABLLS-R®은 학생이 자연스럽게 존재하는 강화에 유의하면서 다양한 사람들과 함께 활동할 수 있는 능력을 측정할 수 있도록 여러 가지 새로운 평가항목들을 포함시켰다.

학습과제를 학생에게 제시할 때에는 학습자료들을 책상 위의 가장 적합한 위치에 배열해야 한다. 그러므로 학생이 여러 기능들을 배우는 과정에서 교사가 학생 앞에 학습자료들을 제시해야 할 경우에는 매우 주의를 해야 한다. 특히 아동은 학습자료에 집중해야 하고 자신에게 주어지는 지시에 주의를 기울이면서 요구된 행동을 적시에 시종일관 수행해야 한다.

### (9) 사회성 기능 발달

효과적인 사회적 상호작용 기능의 발달은 발달장애를 지닌 많은 사람들의 관심 영역이다. 이러한 기능들의 발달과 관련된 특별한 중재개입 방법들이 강조하고 있는 내용들을 살펴보면 아동이 또래들로부터 배우거나 그들과 상호작용하는 데 필요한 중요한 기능들을 파악할 수 있는데, 이러한 여러 기능들이 The ABLLS-R®에 포함되어 있다.

### (10) 모방

부모나 교육전문가들은 잘 발달된 모방기능의 보유가 광범위한 언어·자조·동작·학업·사회기능의 발달에 결정적인 요소라고 생각하고 있다. The ABLLS-R®은 다른 사람들의 미세한 행동 특징에 주의를 기울이고 그 행동을 재현할 수 있는 아동의 모방능력 수준을 부모나 교사들이 파악할 수 있도록 많은 새로운 기능 항목들을 포함하고 있다. 이러한 새로운 기능 항목들은 다른 사람의 시범 행동에 아동이 더 오랜 시간 주의를 기울일 수 있고 시범 후에는 그 행동을 다시 기억해 낼 수 있도록 아동의 능력을 향상시켜 준다.

## 4. 기능 추적시스템

The ABLLS-R®은 사용자들에게 평가 기능들에 대한 초기 평가정보뿐만 아니라 아동의 발달과정을 재검토할 수 있는 최신 정보를 제공해 준다. 초기 평가는 여러 주간에 걸쳐서 비공식적으로 수행할 수도 있다. 초기 평가가 완료된 후에는 아동의 특정 기능의 수행 수준을 나타내는 기능 추적표 위에 초기 평가결과가 표시된다. 이 표를 통해서 아동의 결핍된 기능들이 분명히 파악되며, 중재개입 목표를 수립하기 위한 가치 있는 정보를 얻을 수 있다.

아동에 대한 평가가 경신될 때마다 새로운 평가결과를 기능 추적표에 추가로 표시함으로써 다양한 기능 영역에 대한 관찰 결과가 새롭게 드러난다. 이러한 경신 절차를 통하여 부모와 교사들은 아동이 중요한 기능들을 새롭게 습득했다는 것을 파악하게 되고 이것은 그들에게 강화로 작용한다.

## 5. 한계점

The ABLLS-R® 기준서에는 많은 기능들이 포함되어 있다 하더라도 그 기능 항목들이 모두 완벽하게 포함되어 있는 것은 아니며, 기능 학습에 필요한 교육과정의 모든 단계들을 확인할 수도 없다. 평가항목들을 적절한 발달 순서에 맞게 배열하려고 노력했다. The ABLLS-R®은 정상적으로 발달한 비슷한 연령의 아동들의 수행 정도를 토대로 하여 언어지체가 있는 아동들(주로 자폐 범주성 장애로 진단된 아동들)에게 적용할 수 있도록 수정 과정을 거쳤다. 각 영역의 평가항목들은 가장 낮은 수준의 평가항목들로부터 순차적으로 배열되어 있다. 그렇지만, 언어지체가 있는 많은 사람들은 정상적인 발달 순서에 따라 기능을 습득하지 않기 때문에 그러한 순서를 중요하게 고려하지 않아도 된다.

The ABLLS-R®은 나이에 따른 표준을 제공하거나, 특정한 또래 집단과 평가 대상자의 기능을 비교하도록 기획하지 않았다. 아동의 개인별 교육프로그램에 적합한 언어교육 목표를 설정하고 중재개입 시점을 파악하기 위하여, The ABLLS-R®이 각 기능들의 절대평가 기준으로 사용될 수 있도록 기획되었다. 일정 기간이 지난 후에 재평가 과정과 평가결과를 도표에 문서화함으로써, 아동의 기능 습득 여부를 파악할 수 있고 교육전략과 교육 우선순위를 재분석할 수 있다.

언어지체가 있는 많은 아동들은 기능을 가르치기 어렵게 하는 분열적(Disruptive)이고 수업에 방해가 되는 행동을 한다. 모두 그런 것은 아니지만 대부분의 아동들은 이러한 행동들을 통하여 과제를 회피·도피하거나 다른 사람의 관심을 얻으려고 한다. 이러한 행동들은 아동들에게 교수방법을 잘못 적용하여 나타난 결과로 교수전략을 주의 깊게 조정함으로써 감소시키거나 제거할 수 있다. 분열적이고 부적절한 행동은 본질적으로 복잡하기 때문에, 이 평가서에 이러한 문제행동에 대한 기능분석 방법을 포함시키는 것은 불가능하다. 이러한 형태의 행동을 분석하는 데 도움이 되는 정보를 제공하는 책들이 많이 있다(예: Cooper, Heron & Heward, 2007; Foxx, 1982; Martin & peer, 2002).

# The ABLLS-R® 채점

## 1. 누가 평가를 할 수 있는가?

The ABLLS-R® 기준서는 이를 철저히 검토할 수 있고 학생들과 빈번하게 직접 접촉하고 있는 부모, 교사, 행동분석가, 심리학자, 언어치료사, 다른 전문가들이(또는 이러한 개인들이 연합하여) 평가를 완료할 수 있다. 특정한 개인을 위하여 교육프로그램을 개발하거나 감독해야 할 책임이 있는 사람이 정보를 수집해야 한다. 그리고 이 평가를 수행하는 개인이나 팀은 평가절차와 평가결과의 해석에 정통해야 한다.

학생의 기능을 향상시키기 위한 프로그램 개발의 첫 단계는 학생이 가지고 있는 기능들을 파악하는 것이다. 그 다음 단계는 가르칠 내용과 방법을 계획하기 위한 정보를 확보하는 일이며 이것은 프로그램의 개발과 실행 분야에서 훈련 받은 개인들이 제공하는 자료들을 필요로 한다. 이 평가서와 함께 사용할 수 있는 책으로 '자폐나 다른 발달장애 아동의 언어 교육'(Teaching Language to Children with Autism or Other Developmental Disabilities(Sundberg & Partington, 1998))은 평가절차와 평가정보 해석에 있어서 The ABLLS-R®과 유사한 내용의 정보를 제공하며 또한 여러 가지 중요한 언어기능의 교수절차와 관련된 상당한 정보를 제공한다.

## 2. 정보 자료의 수집

The ABLLS-R®을 완료하기 위하여 3가지 출처로부터 정보를 얻을 수 있다. 정보의 대부분은 부모, 교사, 그리고 그 아동들과 정기적으로 상호작용하는 사람들로부터 얻는다. 기능에 대한 아동의 능력과 일상적인 사용방법을 파악하기 위하여 아동과 정기적으로 상호작용하는 여러 개인들로부터 정보를 확보하는 것은 매우 바람직하다. 정보의 2번째 출처는 특정한 상황에서 아동을 관찰하는 것이다. 아동의 기능 수준을 결정하는 것뿐만 아니라 아동이 그 기능을 일상적으로 사용하는 방법을 이해하는 것도 중요하다. 그래서 아동을 직접 관찰하지 않은 상태에서 수집된 정보는 적절하지 않다. 정보의 3번째 출처는 아동의 특정한 기능들을 파악하기 위하여 아동에게 형식을 갖추어 과제를 제시해 보는 것이다.

## 3. 채점 방식

The ABLLS-R®의 각 항목은 일관된 형식을 갖추고 있다. 특별히 각 항목은 여러 개의 하부 과제항목들로 구성되어 있으며, 각 과제항목들은 과제번호, 점수범위, 과제 명, 과제목표, 아동의 기능에 대한 질문, 반응의 사례들(명확히 하기 위하여), 채점기준 그리고 참고 부문들로 구성되어 있다.

## 4. 참고 부문

참고 부문은 아동의 과제수행과 관련된 아동 특유의 문제에 대하여 간단히 설명한다. 어떤 기능의 수행과 관련된 아동 특유의 문제에 대한 정보는 발달되거나 더욱 일반화되어야 할 기능들을 결정하는 데 특별히 도움이 된다. 예를 들면 부모는 아동이 깔끔하게 음식을 먹는다고 말하고, 보모는 아동이 음식을 먹는 동안에 식사 자리를 깨끗하게 유지하지 못한다고 지적하는 것은 보기 드문 경우가 아니다. 두 경우 모두 옳을 수도 있지만 아동이 두 상황에서 음식을 먹는 방법에 있어서의 차이를 이해하고, 깔끔한 식사 태도가 모든 식사 자리에서 강화 유지되는 것을 보장하기 위하여 조사할 필요가 있다. 추가적으로 만약 아동이 어떤 기능을 단지 제한된 환경 내에서만 보여주고 있다면, 그 기능을 발휘하기 위하여 추가적인 노력이 요구되는 어떤 환경에 대하여 주해를 달아 보충적으로 설명할 필요가 있다.

추가 사항을 평가자가 참조할 수 있고 특정한 과제에 대한 상세한 정보가 기록되어 있는 주해들과 기능 발달과 관련된 몇 가지 쟁점들이 기록되어 있는 주석들을 이 참고 부문에서 찾아 볼 수 있다.

## 5. 점수 기입란

점수를 표시하는 난에는 각 과제항목별로 숫자들이 4줄로 배열되어 있다. 점수란에 있는 숫자들은 채점기준란에 있는 획득 가능한 점수들과 일치한다. 점수란의 점수들의 범위는 '0'부터 최고 점수(예: 1, 2 또는 4)까지 연속되어 있다. '0' 점(점수란의 가장 왼쪽)은 아동이 채점기준란에 정의된 그 과제항목의 수행에 필요한 가장 낮은 기준조차 충족하지 못하는 것을 나타낸다. 그 난의 가장 오른쪽에 있는 숫자는 그 과제항목에서 득점 가능한 최고 점수를 나타낸다. 이와 같이 개별 과제항목마다 점수란에는 0, 1 또는 0, 1, 2 또는 0, 1, 2, 3, 4의 숫자들이 4줄로 배열되어 있다. 각 과제항목의 점수란의 첫 줄은 최초로 실시된 기능평가 결과가 표시된다. 나머지 3줄들은 기능평가를 추가적으로 3번 실시하여 The ABLLS-R®을 3번 경신하는 데 사용한다.

과제 점수

|  |  | |
|---|---|---|
| F1 | 0 1 2 3 4 | ← The ABLLS-R®의 최초 채점 |
| | 0 1 2 3 4 | ← The ABLLS-R®의 첫 번째 경신 |
| | 0 1 2 3 4 | ← The ABLLS-R®의 두 번째 경신 |
| | 0 1 2 3 4 | ← The ABLLS-R®의 세 번째 경신 |

## 6. 개별 과제항목 채점 방법

The ABLLS-R® 기준서를 채점하는 절차는 각 과제항목을 검토하고 각 항목에 점수를 부여하는 절차를 포함한다. 채점기준란에 구체적으로 설명된 기준에 부합되는 수행수준을 나타내는 숫자에 원으로 표시하는 방법으로 점수를 부여한다.

| 과제 | 점수 | 과제명 | 과제목표 | 질문 | 채점기준 | 참고 |
|---|---|---|---|---|---|---|
| G4 | 0 1 2 3 4<br>0 1 2 3 4<br>0 1 2 3 4<br>0 1 2 3 4 | 일반적인 물건의 그림 호칭하기 | 학생은 자신의 주변에서 일반적으로 발견되는 적어도 100가지 물건의 그림의 이름을 말한다. | 일반적인 물건의 그림을 보여 주면서 당신이 "저것이 무엇이지?"라고 묻는다면 학생은 그 물건의 이름을 말합니까? | 4= 100개 이상의 물건의 사진의 이름을 말하고 대부분의 물건들에 대한 여러 다른 사례들을(새로운 사례들을 포함)들 수 있다.<br>3= 50개 물건들에 대한 이름과 그 물건들에 대한 적어도 1가지 사례<br>2= 10개 물건들에 대한 이름<br>1= 5개 물건들에 대한 이름 | 부록 3 : 인지, 정보설명 가능한 단어 목록 참조 |

The ABLLS-R® 기준서를 작성할 때, 아동의 기능 수준에 대한 정보를 제공하는 사람들은 아동의 현재 기능 수준을 추측하기보다는 아동들의 진정한 기능 수준을 실제로 파악할 수 있도록 작성해야 한다. 만약 어떤 과제수행 수준이 불명확하다면, 아동의 기능을 정확히 관찰하거나 더욱 형식을 갖춘 평가를 통하여 정확한 기능 수준을 결정해야 한다.

The ABLLS-R® 기준서의 '질문란'에 예시된 질문 내용은 그 기능에 대한 아동의 지식과 통상적인 사용방법을 고려하여 아동에게 적용해야 한다. 특히 새로 익히기 시작한 신생 기능이나 학습자가 과거에는 보여 주었지만 현재는 보여주지 못하는 기능들을 가지고 아동의 기능들을 과대평가하는 것은 바람직하지 않다. 평가를 위한 정보는 **필요할 때 아동이 통상적으로 수행하거나 수행할 수 있는 기능**이지 그가 수행하기 시작했거나 그가 과거(예: 여러 달 전이나 몇 해 전에)에 수행했던 기능이 아니다. 만약 아동이 과거에 무수한 기회마다 그 기능을 분명하고 일관되게 보여주었으나 지금은 그 기능을 보여주지 못하고 있다면, 그가 적절한 동기부여 상황 아래에서 수행할 수 있는 기능에 한하여 그 아동의 능력으로 인정해야만 한다.

일반적으로 채점기준의 가장 높은 점수를 얻지 못한 평가항목은 중재개입을 위하여 재검토해야 하기 때문에 수행 수준을 과대평가하는 것보다 과소평가하는 것이 바람직하다. 만약 아동의 기능 수준이 낮다면 그에게는 교육적 중재개입이 이로울 것이다. 그러나 만약 점수가 과대평가된다면 아동은 이러한 결정적인 기능들을 발달시키지 못할 것이다. 그리고 더 나아가 아동에게는 너무 어려워 분열성 행동(Disruptive Behavior)의 발생원인이 될 수도 있는 학습과제가 제공될 수도 있다.

특정한 과제에 대한 아동의 현재 수행 수준을 분명하게 파악하고 있을 때, 그 과제는 적합한 점수로 채점될 수 있다. 아동이 각 과제항목에 대한 구체적인 기준들을 실제로 충족하고 있는 최적 점수를 파악하는 것이 중요하다. 만약 아동이 특정한 점수를 위하여 요구되는 기준보다 더 나은 기능을 수행할 수 있으나(예: '3'점) 다음 점수를 위한 기준을 충족하고 있지 못하다면(예: '4'점) 그 과제는 낮은 점수로 채점되어야 한다.

과제 점수

| F1 | 0 1 2 ③ 4 |
|---|---|
| | 0 1 2 3 4 |
| | 0 1 2 3 4 |
| | 0 1 2 3 4 |

←학생이 특정한 기준을 충족하는 최적의 점수에 원으로 표시한다.

아동이 그 과제를 수행할 수 없거나 또는 최저점수 기준을 충족하지 못할 경우에, 그 과제는 '0'으로 채점되어야 한다. 또한 아동이 어떤 항목의 평가를 위하여 특정한 활동에 참여해야 하는데 이러한 참여기능이 결핍되었다면, 그 항목은 '0'으로 채점되어야 한다.

아동들은 어떤 특정한 조건 하에서만 관찰될 수 있는 기능들을 가지고 있다. 예를 들면 트럭의 그림을 보여주고 "이것이 무엇이니?"라고 물으면 그 아동은 그저 "트럭"이라고 대답한다. 그러나 동일한 그림을 보여주고 "이 그림에 대하여 나에게 말해 봐."라고 말하면 학생은 "크고 파란 화물 트럭"이라고 말할 수도 있다. 그러므로 이러한 기능이 단지 어떤 특정한 상황에서 일어난 것으로 관찰되었다 하더라도, 그 아동은 형용사를 명사와 결합시킬 수 있다고 인정되어야 한다. 그러나 만약 그 반응의 각 요소들(예: 파란, 화물을 싣는, 큰)을 이끌어 내기 위한 특별한 촉진(예: 트럭이 무슨 색이니? 사람이 트럭에 무엇을 실어 나르니? 그것은 큰 트럭이니 작은 트럭이니?)없이 아동이 그와 같은 설명을 할 수 없다면, 아동은 '형용사를 명사와 결합시키는 기능을 가지고 있다'라는 항목에서 점수를 얻지 못한다. 그러므로 비록 아동이 구체적인 속성들을 표현할 수 있다 하더라도, 그는 그러한 형용사들을 사용하여 물건에 대하여 말하는 능력을 가지고 있다고 할 수 없다.

모든 아동들에게 적용할 수 없는 2가지 항목이 있다. 과제 H3은 의사소통을 하기 위하여 말을 사용하지만 수화를 전혀 사용하지 않는 아동, 그리고 수화가 의사소통 수단으로 적합하지 않은 아동에게는 적용할 수 없다. 과제 X5는 단지 여성에게 적용 가능한 용변 기능이다. 이 2가지 과제항목들 중 어느 하나라도 아동에게 해당되지 않을 경우에는, 그 항목의 점수란에 있는 'NA'에 원으로 표시해야 한다.

## 7. 초기 채점 방법

기능의 최초 평가는 여러 단계에 걸쳐서 완성된다. 첫 번째 단계는 아동이 수행 가능한 기능과 관련된 평가항목을 검토하는 것이다. 이것은 아동이 그 평가항목의 최고 점수기준을 충족시키는 기능들(예: '4'점)과 구체적인 기준의 어느 것도 충족시키지 못하는 기능들(예: '0'점)을 결정하는 것이다. 아동의 수행수준을 파악하지 못하고 있는 과제항목들을 위한 점수란은 빈칸으로 남겨 두어야 하며, 그 빈칸들은 이 과정의 다음 단계에서 채워질 것이다. 그러나 이 평가의 첫 단계가 진행되는 동안에 그 기능의 정확한 수행 수준을 파악할 수 없는 경우에 특정한 점수보다 그 아동의 기능 수준에 적합한 '점수 범위'에 표시하는 것이 유용할 수도 있다(예: 점수가 '2' 또는 '3', 그러나 '0' 또는 '4'는 확실히 아니다).

과제 점수

| F1 | 0 1 (2 3) 4 |
|---|---|
| | 0 1 2 3 4 |
| | 0 1 2 3 4 |
| | 0 1 2 3 4 |

←만약 정확한 점수를 파악할 수 없다면, The ABLLS-R®의 평가 초기에 개략적인 채점을 위하여, 그 학생의 수행수준을 적절히 나타내는 점수 범위에 원으로 표시한다.

정확한 점수는 그 학생의 기능을 추가적으로 검토한 후에 결정될 수 있다.

학생의 기능에 대한 정보를 수집할 때에, 그가 여러 교사나 또래들과 상호작용하면서 보여주는 여러 활동들이나 상황을 실제로 관찰하는 것이 중요하다. 학생을 관찰하지 않고 정보를 수집하게 되면, 아동이 기능을 사용하는 방법에 대한 정확한 정보를 얻을 수 없게 된다. 또한 학생의 수행 수준의 안정성을 살펴 보기 위하여 하루 이상 그를 관찰하는 것도 필요하다.

학생의 특정한 기능들에 대하여 의견을 나눌 때, 동일한 정보를 수집하기 위하여 학생이 그 기능을 사용하면서 빈번히 상호작용하는 여러 사람들(예: 부모, 교사, 언어치료사)에게 질문하는 것이 효과적이다. 그것은 사람들이 학생과 상호작용하면서 가르칠 수 있는 기능들을 파악하고 그 학생의 기능에 대한 정확한 정보를 확보하는 데 도움이 된다.

언제라도 특정한 기능에 대한 보고서들 사이에 모순점이 발견되면, 기준서의 참고란에 있는 정보를 참조하고, 그 차이점의 원인들을 더 깊이 조사해야 한다. 어떤 경우에는 정보제공자들 가운데 한 사람이 그 과제항목의 특성을 이해하지 못하고 있기 때문에, 또는 그들(정보제공자들)이 무심코 아동이 그 과제를 완성할 수 있도록 촉진을 했기 때문에, 그렇지 않으면 아동이 그 과제를 수행할 수 있게 또는 수행할 수 없게 그 과제를 배열해 놓았다는 사실을 스스로 깨닫지 못했기 때문에 그 사람(정보제공자 중 한 사람)은 아동이 그 기능을 가지고 있다고 추측할 수도 있다. 다른 경우는 상호작용의 구조나 어느 특정 개인과의 협력과정에서 경험한 강화로 인하여 그 학생이 다른 사람보다 어느 특정한 사람과 더 긴밀하게 협력하는 상황이 나타날 수도 있다. 아동을 관찰할 때, 과제변형의 정도 또는 과제수행에 영향을 미치는 아동의 동기부여 수준을 파악할 수 있다.

일단 아동이 습득한 기능들과 아동이 확실하게 할 수 없는 기능들이 파악되면, 두 번째 단계는 나머지 기능들에 대한 아동의 능력을 더욱 정확하게 판정하는 일이다. 이 두 번째 단계는 아동의 기능에 대한 관찰과 정형화된 평가가 모두 포함될 수 있다.

## 8. 특수한 경우의 채점 방법

### (1) 학급과 집단 기능 부문

몇몇 어린 아동들은 학급이나 집단활동에 참여하지 않는다. 그들이 그러한 활동에 참여하지 않기 때문에, 점수가 없는 것으로 표시되어야 하며(예: '0' 점), 참고란에 그들이 학급이나 집단활동에 참여하지 않았다는 사실을 기록해야 한다. 이후에 그들이 학급이나 집단활동에 참여하였을 경우에는 다음 경신기간에 점수가 채점되어야 한다.

### (2) 수용적 기능 부문

초보 단계의 수용적 기능들의 몇 가지는 특정한 과제의 완성을 위하여 아동에게 촉진을 가해야만 수용적으로 반응(예: 지시 따르기)하더라도 점수를 부여한다. 이 단계는 촉진 없이도 과제들을 완성할 수 있는 방향으로 평가가 진행되기 때문에 촉진이 가해지는 이 초보 단계에서도 점수가 주어질 수 있다. 예를 들면, 수용적 기능 항목 중의 하나인 C2(상황에 적절한 선호 활동을 하라는 지시 따르기)에서, 점수 '1'의 채점기준은 '부분적인 신체 촉진만으로 3가지 이상의 활동을 할 수 있다'라고 명시되어 있다. 이 과제항목에서 최고 점수(예: '4' 점)을 받기 위하여 학생은 촉진 없이 적어도 3가지 활동을 할 수 있어야 한다.

### (3) 요청

'요청' 항목에 있는 초기 과제항목들의 몇 가지(예: F2~F6)는 모두 유사한 기능들이지만 그 요청이 이루어지는 상황에 따라 달라진다. 촉진을 사용하거나 요구되는 물건을 보여 주어야 하는 초보수준의 기능들은 촉진이나 물건의 제시를 필요로 하지 않는 상위 수준의 기능들처럼 요청기능에 포함된다. 이 기능의 최고 점수의 채점기준은(예: F6의 4점) 어떤 물건이나 활동과 관련된 물건이 제시되지 않아도 그 학생은 10번 이상 특정한 물건들이나 활동들을 요청할 수 있어야 한다. 그러므로 만약 물건이 제시되지 않거나 다른 촉진을 가하지 않아도 학생이 어떤 물건을 요청할 수 있다면 그 학생은 F2~F5 평가항목에서 최고 점수를 받을 수 있다.

## 9. 점수의 안정성

학생의 기능 수준에 대한 적절한 사례를 확보하기 위하여 주의를 기울이는 경우, 그 기능에 대한 점수들이 보수적으로(예: 그 기능이 중요한 기능이지만 그 기능이 잘 형성된 기능이라고 절대로 확신할 수 없다면 낮은 점수로 채점하는 것) 채점되었을 경우와 학생에게 가르쳐야 할 기능이 그들의 일상생활에서 통상적으로 사용되는 기능 가운데 하나일 경우에 그 기능의 점수는 대개 감소하지 않는 경향을 나타낸다. 학생들에게 일상활동에 필요한 기능들을 가르치려고 노력하는 것은 매우 중요하다. 학습된 기능들을 꾸준히 사용할 기회가 주어지지 않는다면 학습된 기능은 쉽게 잊혀지고 만다. 효과적인 교수전략들을 사용한다면 학생의 기능들이 계속 개선될 것이다.

기능들이 평가경신 과정에서 변화하는 영역 중의 하나는 '협력과 강화제 효과' 항목이다. 사람들과 상호작용하려는 학생의 의지는 잠재적 강화제의 가치와 그 강화제를 얻기 위한 노력의 정도에 따라 계속해서 변화 한다는 사실에 주목해야 한다. 이와 마찬가지로 어떤 사람과 함께 활동하려는 의지 또한 그 사람과 연관된 강화 내력에 따라 영향을 받는다. 만약 학생이 어떤 특정한 교사와 깊은 유대 관계를 구축해왔다면, 그러한 강화 관계를 정립하지 못한 다른 사람과의 활동을 어려워할 것이다.

그렇지만 기능 수준이 감소된 것으로 관찰된 예외 사례들이 있다. 그 예외들 중에는 과제항목들에 대한 초기의 부정확한 채점과 부모나 교사들의 동기부여 능력의 안정성 부족(특별히 '협력과 강화제 효과' 항목에서)으로 인한 사례들이 있다. 학생에 대하여 일관되게 동기를 부여할 수 없을 경우에 그 학생의 현재 기능 수준을 정확하게 측정하지 못할 수도 있다. 이러한 상황이 나타나면 그 기능수준들을 정확하게 측정하기 위하여 학생과의 상호 관계(예: 교육적 통제의 구축)를 보다 발전시킬 필요가 있다.

마지막으로 불행하게도 아주 극소수의 학생들에게서 심각한 간질 발작의 발병으로 그 기능이 뚜렷하고 급격하게 퇴행하는 경우가 있다. 이러한 불행한 경우에는 기존의 기준서를 무시하고 새롭게 작성할 필요가 있다.

## 10. 기능 추적표에 채점 결과를 표시하는 방법

초기 평가 후에 평가항목들에 대한 점수들이 결정되면 그 점수들을 기준서의 기능 추적표에 옮겨 표시해야 하는데, 이때 각 과제항목의 평가점수를 상응하는 과제항목의 점수표시 사각형에 표시한다. 대부분의 과제항목들에 대한 점수 범위는 '0'(과제를 수행할 수 없음)에서 '4'(숙련됨)까지 분포되어 있지만, 몇몇 과제항목들은 '0'에서 '2'(숙련됨)까지, 그리고 다른 과제항목들은 '0'에서 '1'(숙련됨)까지 분포되어 있는 경우도 있다. 과제항목에 NA(해당 사항 없음)라고 표시해야 할 경우(예: H3 & X5)에는 상응하는 과제항목의 점수표시 사각형에 대각선으로 표시한다.

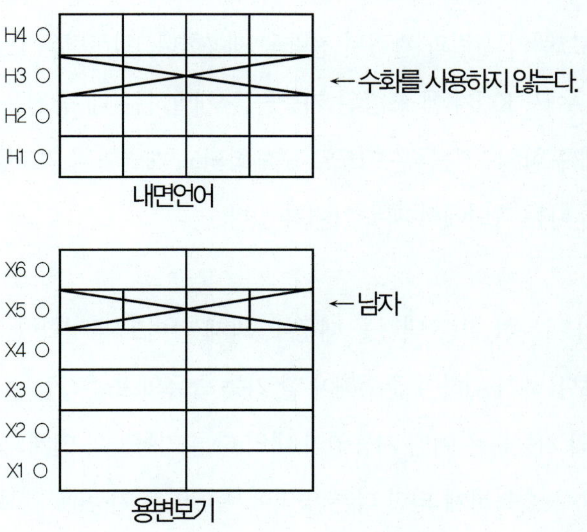


기능추적표에는 과제항목 번호(예: B8)의 오른쪽에 비어진 원이 있다. 그 빈 원은 초기 평가에서 아동이 '0'점을 얻은 과제항목들에 한하여 채워진다. 채워진 원은 그 과제항목이 검토되었지만 초기 평가에서 아동이 그 과제를 수행하지 못한 것을 나타낸다(예: '0' 점).

평가가 며칠이나 몇 주간에 걸쳐서 진행될 수 있기 때문에 평가일자를 정확하게 명기하지 않아도 된다. 또한 평가는 아동의 점수를 특정한 나이의 아동들에 대한 통계적 점수와 비교하지 않기 때문에 아동의 정확한 나이를 계산할 필요가 없다(예: 몇 년 몇 개월). 평가된 대략의 날짜나 또는 월과 연도를 파악하는 것만으로도 충분하다.

## 11. 교육 계획의 개발

The ABLLS-R® 기준서의 초기 평가가 완료되고 기능 추적표가 채워진 후에 그 아동의 임상팀(예: 부모, 교사, 행동분석전문가, 심리학자, 언어치료사, 그리고 아동과 연루된 다른 사람들)은 아동에게 가장 중요하다고 판단되는 쟁점들에 초점을 맞추어 교육프로그램을 설계하고 수행하게 된다. 수행 가능한 기능들과 결핍된 기능을 모두 고려하여 구체적인 교육계획을 수립하는 방법을 설명하는 것은 불가능하다. 하지만, 이 책의 다음 장들에서 제시되는 정보는 교육의 우선순위를 결정하고 효과적인 개인별 교육프로그램의 수립과 관련된 전략을 제공한다. 임상팀은 The ABLLS-R®의 기본 학습자기능(예: 항목 A에서 K까지)에 포함된 기능들을 개발하는 데 중점을 두어야 한다. The ABLLS-R®의 이 항목에 포함된 기능들은 고도로 구체화되고 개별화된 지도방법 없이도 아동이 학습할 수 있도록 도와 준다는 측면에서 매우 가치가 있다.

발달지체가 있는 아동들의 독특한 학습 내력들 때문에, 과제 난이도의 정확한 수준을 결정하는 것과 어떤 영역의 기능을 보유하기 위하여 준수해야 할 기능 습득의 표준적인 순서를 개발하는 것은 불가능하다. 각 순서 내의 기능들은 어떤 기능영역 내의 다른 기능들과 연계되어 있다. 한 영역에 속하는 기능(예: 수용언어)을 습득하게 되면 다른 영역에 속해있는 기능(예: 정보설명 또는 내면언어)도 쉽게 습득하게 되는 경우도 있다. 학생에게 가르쳐야 할 기능들은 개인마다 개별적으로 선정되어야 한다. 그래서 특정한 학생을 위하여 교육프로그램을 개발하는 사람들은 가르치려고 하는 기능을 선정하는 데 있어서, 학생이 습득한 과제항목들보다 낮은 수준의 평가항목이기 때문에 선택하거나 또는 아직 습득하지 못한 다음 순서에 있는 기능이기 때문에 선택하기 보다는, 각 기능을 배우고자 하는 학생의 준비 상태를 고려하여 가르쳐야 할 기능을 선택하는 것이 중요하다.

함께 사용할 수 있는 책으로, '자폐나 다른 발달장애 아동의 언어 교육'(Teaching Language to Children With Autism or other Developmental Disabilities(Sunburg & Patington, 1998))은 평가정보의 해석과 관련하여 The ABLLS-R® 기준서에서 얻은 정보와 유사한 유용한 정보를 제공한다. 이 책은 현재 발달시켜야 할 기능들을 가르치는 데 사용할 수 있는 구체적인 교수절차들에 대한 방법을 제공한다.

## 12. 평가 경신

The ABLLS-R® 기준서는 초기 채점을 완료한 후에 추가적으로 3번 경신할 수 있는 기회를 제공한다. The ABLLS-R® 기준서는 최소한 일년에 한 번 경신하되, 특히 아동의 개인별 교육프로그램 목표를 개발하기 바로 직전(예: 새로운 학습목표를 필요로 하는 차기 개인별 교육프로그램을 개발하기 한 달 전)에 실시하는 것이 바람직하다. 그 경신은 구체적인 훈련 결과에 의한 발달 정도나 또는 특별한 지도 없이 자연적으로 습득된 학습의 결과에 의한 발달 정도를 파악하기 위하여 사용될 수 있다. The ABLLS-R®의 평가기준을 바탕으로 측정된 기능들을 신속하게 습득하는 학생들을 위하여 4개월에서 6개월마다 경신하는 것도 도움이 된다. 그렇지만 아동이 각 기능에 대한 상위 채점기준을 충족할 때마다 The ABLLS-R®을 경신할 필요는 없다. 한 기능을 습득할 때마다 그 기능에 집중하는 것 보다는 전반적인 기능 발달에 초점을 맞추는 것이 더욱 중요하다.

경신 절차는 단지 그 기능에 대한 관찰 결과만을 기준서와 기능 추적표에 기록하기 때문에 초기 평가보다 상당히 쉽다. 초기 평가과정에서 모든 기능들에 대하여 광범위하게 검토했기 때문에, 경신 과정에서는 초기 평가과정에서 검토했던 과제들을 재검토하여 그 발달 정도를 형식적으로 평가할 필요는 없다. 경신을 위한 정보는 아동을 비 공식적으로 관찰하거나 또는 부모, 교사 그리고 아동과 빈번히 상호작용하는 다른 사람들로부터 수집할 수 있다.

경신 절차는 각 평가항목에 대한 점수란을 자세히 살펴보는 것도 포함된다. The ABLLS-R® 기준서의 초기 평가와 3번의 경신을 위하여 사용되는 점수란에는 4줄로 된 숫자들이 있다. 초기 평가나 또는 이전의 경신과정에서 학생이 그 과제의 최대 기준을 충족하여 최고 점수(즉, 점수란의 오른쪽의 숫자)에 원으로 표시한 경우에는 다음 평가과정에서 그 평가항목을 건너뛸 수 있다. 어떤 기능에 대한 아동의 기능 향상에 대한 정보는 점수란의 해당 숫자 열의 새로운(더 높은) 점수에 원으로 표시하여 기록한다. 만약 아동의 특정 기능에 발전이 없다면, 이전의 조사에서 원으로 표시된 점수와 동일한 점수가 경신을 위한 점수란의 같은 숫자 위에 원으로 다시 표시된다. 변화가 없는 기능에 대하여 동일한 점수에 원으로 표시하게 되면, 그 과제를 재검토하였으나 여전히 발달을 위한 교육이 필요하다는 것을 나타낼 수 있게 된다.

대개 기능에 대한 점수는 전보다 증가하거나 또는 전과 동일하지만, 현실에서는 아동이 이전 평가에서 얻은 것보다 더 낮은 점수를 얻을 수도 있다. 초기에 언급한 것처럼 어떤 과제에 대한 점수의 감소는 이전 평가에서 그 기능에 대한 부정확한 평가(아동의 기능을 과대평가)를 암시하는 것일 수도 있지만, 때로는 그 기능 수준의 실제 감소를 의미하는 것일 수도 있다(예: 그 기능을 사용하지 않았기 때문에 잊어 버리는 경우).

## 13. 경신된 자료를 기능 추적표에 재표시

경신 과정에서 평가결과를 기능 추적표에 표시할 때에 초기 평가나 이전의 경신 과정에서 사용한 것과 다른 색상으로 표시해야 한다. 다른 색상들은 중재기간 동안에 관찰된 기능의 발달 정도를 쉽게 파악할 수 있게 해 준다. 각 과제항목 번호의 오른쪽에 있는 원들이 채워졌다는 것은 초기 평가과정에서 학생이 그 과제항목의 가장 낮은 기준조차도 충족하지 못했다는 것을 나타내기 때문에 그 원들은 경신 과정에서도 그대로 유지되어야 한다. 대신에 그 기능 수준이 향상되면 이에 상응하는 점수가 기능 추적표의 해당란에 표시된다.

ABLLS-R® 채점의 실례

| 수준 | 점수 | |
|---|---|---|
| L1 | 0 1 2 ③ 4 | ← 최초 점수 |
| | 0 1 2 3 ④ | ← 1차 경신 |
| | 0 1 2 3 ④ | ← 2차 경신 |
| | 0 1 2 3 4 | |
| L2 | 0 ① 2 | ← 최초 점수 |
| | 0 ① 2 | ← 1차 경신 |
| | 0 1 ② | ← 2차 경신 |
| | 0 1 2 | |
| L3 | ⓪ 1 2 | ← 최초 점수 |
| | 0 ① 2 | ← 1차 경신 |
| | 0 ① 2 | ← 2차 경신 |
| | 0 1 2 | |

기능 추적시스템의 추적표에 점수 표시하기의 예

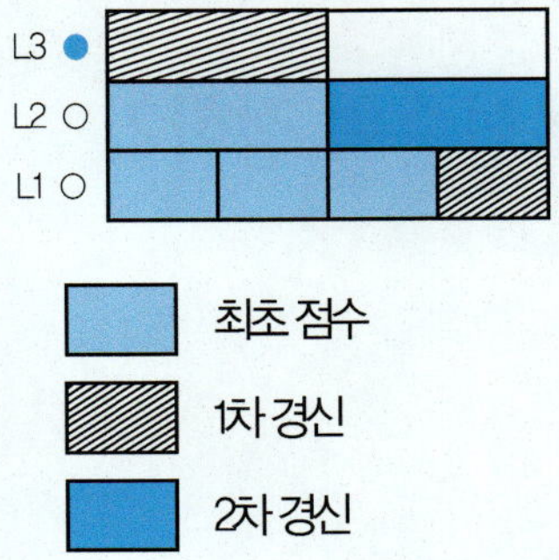

# 교육의 우선순위 정하기

## 1. 목표: 학습을 위하여 배우기

언어지체 아동의 부모나 교사는 그 아동을 같은 나이의 일반적인 아동들과 비교해 봄으로써 언어 능력의 결핍 여부를 쉽게 확인할 수 있다. 예를 들어 일반적인 5세 아동은 다양한 물건과 활동을 쉽게 요청할 수 있고, 많은 물건들과 활동들의 이름을 말하고 수용적으로 파악할 수 있으며, 색상, 숫자, 글자를 알 수 있고, 비교적 적은 노력으로 다양한 새로운 개념들을 학습할 수 있다. 그러므로, 단지 한정된 단어 수준에 머물러 있는 아동과 일반적인 아동과의 기능 수준의 격차를 좁혀가면서 발달시킬 수 있는 여러 기능들이 분명히 존재한다(Partington, Bailey, Pritchard, Nosik & Doeer, 2010).

불행하게도 단순히 결핍만을 파악하는 것은 효과적인 교육훈련의 성과를 가져오지 못한다. 처음에는 언뜻 보아서 비교적 단순한 과제(예: 특정한 물건을 만지라는 지시 따르기, 또는 색상을 수용적으로 파악하기)일 것이라고 생각되는 기능이 아동에게는 배우기 어려운 기능으로 판명되는 경우도 있어 부모나 교사를 낙담시킬 때도 있다.

자폐나 다른 발달장애가 있는 아동을 가르치려고 하는 사람은 행동적 교수방법론을 바탕으로 잘 훈련되어 있고, 아동의 특별한 욕구를 충족시킬 수 있도록 개별화되고 잘 배치된 교육과정을 보유하고 있어야 한다. 효과적인 교수법과 적절한 교육과정의 조합은 교육이 진행되는 동안 아동에게 지속적으로 동기를 부여하는 데 도움이 된다.

비록 어떤 교사가 아동이 배우는 데 필요한 모든 기능들을 파악할 수 있고 그러한 구체적인 기능들을 각각 나누어 가르칠 수 있다 해도 이러한 접근이 실용적이지 못할 수가 있다. 보다 효과적인 전략은 아동들에게 고도로 특화된 교육을 하지 않아도 다른 기능들을 추가적으로 학습할 수 있게 하는 기능들을 아동에게 가르치는 것이다. 그러므로 교육과정은 '학습을 위하여 배워야 하는' 그러한 일련의 기본 학습자기능들을 아동에게 가르치는 데에 중점을 두어야만 한다.

## 2. 기본 학습자기능들

The ABLLS-R® 기준서의 기본 학습자기능들은 '학습을 위하여 배울' 수 있게 하는 중요한 기능들을 중시하는 교육과정을 마련하기 위한 토대를 제공한다. 그러므로 교육시간의 대부분이 이러한 결정적인 기능들을 발달시키는 데 배정 되어야 한다. 어떤 기능들(예: 자조와 동작 기능)은 이러한 기능들과 함께 동시에 가르쳐야 하지만, 어떤 기능들(예: 전통적인 학업 기능들)은 기본 학습자기능이 향상될 때까지 연기하는 것이 유리할 수 있다.

기본 학습자기능 영역은 일상의 경험으로부터 배우는 데 결정적으로 작용하는 15개의 중요한 기능 영역들로 구성되어 있다. 이러한 기능 영역들은 학습활동 과정에서 아동의 협조, 특정한 수용 언어와 표현 언어 기능들, 모방, 사회적 상호작용, 적절한 놀이, 집단지도의 참여, 학급일과 따르기, 습득된 기능들의 일반화를 포함하고 있다. The ABLLS-R® 기준서의 이 영역에는 382개의 과제항목들이 포함되어 있고, 전체 과제항목들의 70%가 이에 해당한다.

기본 학습자기능들에 대하여 처음 과제분석을 하는 과정에서(The ABLLS®, 1998), 정상적으로 성장하고 있는 유치원 나이 정도의 아동들이 보여주는 기능들에 대한 검토가 있었다. 그 검토는 2가지 이유로 중요하다. 첫째로, 정상적으로 성장하는 아동들은 유치원에서 고도로 특화된 교육을 필요로 하지 않는다. 집단지도 형태로 주제들을 조심스럽게 제시하면 그 아동들은 광범위한 여러 가지 학습기능과 사회성 기능들을 쉽게 습득할 수 있다. 그러므로 이러한 기능들에 대한 그들의 실증 사례는 이러한 영역을 위하여 선정된 과제항목들에 대한 타당한 측정치를 제공해 준다. 둘째로, 기본 학습자기능 영역에 속하는 대부분(그러나 모두는 아님)의 기능들은 정상적으로 성장한 대부분의 아동들이 유치원을 마칠 무렵에는 습득할 수 있는 기능들이다(Partington, Bailey, Pritchard, Nosik & Doeer, 2010). 이러한 기능들은 조기 중재개입 프로그램에 참여하고 있는 어린 아동들에게는 합리적이고 나이에 적합한 목표들을 제시하면서, 동시에 나이 많은 학습자들에게는 중요한 교육목표들을 지속적으로 제공한다. 만약 나이 많은 아동이 이러한 기본 기능들 가운데 몇 가지를 습득하지 못했다면, 그가 이러한 기능들을 발달시킴으로써 공동체 활동 참여와 관련된 광범위한 선택권을 가질 수 있게 된다.

## 3. 기본 기능들의 균형적 발달

비록 기본 학습자기능 영역에 속하는 15개 항목에 많은 기능들이 포함되어 있다 하더라도, 이들 항목들에 속하는 한, 두 기능의 발달을 지나치게 강조하는 것보다는 그 영역들의 각 항목에 속해있는 기능들을 골고루 발달시키도록 해야 한다. 또한 어떤 한 영역 내에 존재하는 장점들을 계속해서 발달시키는 것도 중요하지만 모든 영역들의 기능들을 전체적으로 골고루 발달시키는 것도 중요하다. 아동이 30개의 물건들을 수용적으로 파악하고 그 명칭을 말할 수 있는 것부터 시작하여 200개의 물건들을 파악할 수 있기까지 그 아동의 발달을 지켜보는 것도 매우 즐거운 일이지만, 아동이 그러한 물건의 몇 가지를 요청하고 그 물건들에 대한 몇 가지 사항에 대하여 이야기하는 것(예: 내면언어)도 역시 중요하다. 어쩌면 그것이 더욱 중요할 수도 있다. 어떤 특별한 기능을 가르치게 되면 관련된 여러 다른 중요한 기능들을 함께 발달시키는 결과를 가져 온다는 사실을 기억해야 한다.

## 4. 수행 가능한 모든 영역에서의 기능 교육

학생에게 특정한 과제를 가르치면서 함께 가르친 활동이 여러 기능 영역들의 발달을 용이하게 할 수 있다. 예를 들면 아동에게 어떤 물건(예: 건포도)을 요청하는 방법을 가르치게 되면 교사의 지시에 주의를 기울이고 교사의 촉진과 지시에 협조하는 반응을 강화할 수 있고, 동작 모방기능(만일 수화를 사용하는 경우) 또는 발성 모방기능(만일 말을 하는 경우에)을 강화할 수 있으며, 또한 강화제를 받기 전에 교사의 목소리의 크기와 얼굴표정의 변화를 살피면서 그의 칭찬에 주의를 기울이는 반응을 강화할 수 있다. 교사가 모형과 일치되게 블록을 다룰 수 있는 기능을 가르치게 되면, 아동은 학습자료들에 대한 주의력, 독자적인 과제 완성, 소근육 움직임의 조화, 교사의 피드백 살피기 등을 발달시킬 수 있다. 그러므로 잘 훈련된 교사는 아동에게 듣는 방법, 오랜 시간 집중하는 방법, 환경을 살피는 방법, 더욱 복잡한 지시에 유의하는 방법 등을 가르칠 수 있으며, 또한 특정한 기능들을 가르치는 과정에서 자연스러운 사회적 강화만으로도 아동에게 여러가지 활동 방법을 가르칠 수 있다.

학생에게 해당 기능을 다양한 환경에서 사용할 수 있도록 그 기능들을 여러 기능 영역으로 분류해서 가르친다 하더라도, 그가 수행 가능한 모든 관련된 영역에 걸쳐서 그 개념들을 가르쳐야 한다(Lerman, Parten, Addison, Vorndran, Volkert, & Kodak, 2005; Wynn & Smith, 2003). 예를 들면, 동물의 개념을 가르칠 때 그 개념을 가르치기 위하여 여러 가지 형태의 과제들을 포함시켜야 한다. 특별히 동물들을 수용적으로 파악하고, 다양한 동물들의 그림들을 '동물'이라고 호칭하고, 과제 수행에 필요한 동물들의 사진들을 요청하고, "나에게 몇 가지 동물들에 대하여 말해 주겠니?"라는 질문을 받았을 때 여러 가지 동물들의 이름을 말하고, 동물이 아닌 것들의 그림과 동물의 그림을 구분하는 내용(시각적 수행 영역)을 교육 내용에 포함시킬 수 있다.

## 5. 학업기능 교육

위에서 지적한 것처럼, The ABLLS-R® 기준서의 4가지 학업 영역에 속해 있는 많은 기능들이 기본 학습자기능 영역의 기능들보다 일반적으로 상위 순위에 들어야 하는 것은 아니다. 이러한 문제는 기본 학습자기능 영역에 속하는 많은 기능들을 보유하고 있지 않은 아동들에게 특히 중요하다. 많은 전통적 발달기준(예: 최초로 구르거나, 걸었던 날짜)에 따르면 많은 부모나 교사들은 아동발달 수준을 판단하기 위하여 신체 부위, 색상, 모양, 숫자, 그리고 문자 등을 주로 사용한다. 불행하게도 이러한 개념들은 아동이 습득하지 못한 많은 기능들보다 가르치기가 더 어려운 경우가 있다(예: 강화 물건과 활동 요청하기, 매일 사용하는 일상적인 물건을 수용적으로 파악하고 정보설명).

어떤 환경에서, 아동은 어려운 개념(예: 파란색과 빨간색 정보설명)의 습득을 위하여 여러 달 동안 지도를 받을 수도 있지만, 이 기간 동안에 보다 어려운 개념들을 짧은 시간에 습득 가능하게 하는 여러 쉬운 기능들을 발달시킬 수도 있다. 다른 문제점은, 아동이 일상적으로 사용하는 물건(예: 책가방, 문, 창문, 수건, 비누, 그릇)에 대하여 수용적으로 파악하고 이를 요청하고 그 이름을 말하고 그것에 대하여 이야기를 할 수 없음에도 불구하고, 교육현장에서는 그곳에서 필요로 하는 학업기능들(예: 숫자와 글자의 이름 말하기)에 대한 교육만을 아동에게 강조하고 있다. 중요한 언어기능들이 발달하지 않았을 경우에, 학업기능들이 아동에게 유용하지 않을 수도 있고 아동이 일반학급에서 새로운 기능들을 배우는 데 도움이 되지 못할 수도 있다. 그러므로 아동이 대부분의 기본 학습자기능 영역에서 뚜렷한 발달을 보이지 못하고 있거나 숫자, 글자 등에 흥미가 없고 이를 쉽게 배우지 못한다면 이러한 유형의 기능들에 대한 교육은 뒤로 연기 되어야 한다.

## 6. 자조기능 교육

자조기능들은 일상활동의 한 부분이고 습득해야 할 중요한 기능이다. 그러므로 아동의 자조기능은 그가 일상활동에 참여하는 과정에서 신중하게 형성되어야 한다. 기본 학습자기능 영역에 속해있는 많은 기능들은 자조기능들의 교육과 연계하여 발달시킬 수 있다. 예를 들면, 옷 입기 과정은 아동의 협조를 강화하고, 모방을 가르치며(동작과 목소리), 그에게 물건이나 활동을 요청하고, 물건들을 수용적으로 파악하며 그 이름을 말하고, 그러한 물건들에 대하여 이야기할 수 있는 중요한 기회가 될 수 있다. 이와 같이 아동은 지속적으로 자조기능들을 발달시켜 나가야 하는데, 그 기능에 대한 발달 전략의 전체적인 초점은 언어기능과 또 다른 기본 학습자기능들의 발달에 역점을 두는 것이다. 기본 언어기능을 교육하는 동안에 함께 발달된 협조기능들은 아동을 자신의 일과에 기꺼이 참여할 수 있게 하므로 아동의 자조기능 교육을 더욱 용이하게 한다.

## 7. 대근육, 소근육 동작기능 교육

자조기능에서와 같이 일상 활동 속에는 동작기능을 발달시킬 수 있는 기회들이 많이 존재한다. 소근육 동작기능과 대근육 동작기능은 모방기능, 수용적 언어기능, 일과수행기능 등을 발달시키고, 학습자의 협조를 강화할 수 있는 기회를 제공한다. 이러한 기능들의 발달은 아동에게 또래들과 함께 동작활동에 참여하는 방법을 배울 수 있게 하여 아동의 사회적 상호작용 기능(기본 학습자기능)을 발달시키는 데 도움이 된다. 운동능력이 크게 결핍되어 다른 중요한 기능들의 습득을 방해하는 경우에는 이러한 기능들의 발달에 역점을 두어야 한다. 동작기능들은 언어기능과 다른 기본 학습자기능들과 연계하여 함께 가르쳐야 한다.

# 개인별 교육프로그램의 개발 전략

심각한 언어지체가 있는 학령기 아동은 주로 지역 학교에서 교육서비스를 많이 받는다. 비록 각 학교로부터 이용할 수 있는 여러 가지 다양한 서비스가 있다 하더라도, 장애학생마다 개인별 교육프로그램을 수립해야 한다.

개인별 교육프로그램은 아동마다 개별적으로 제공되는 교육 활동과 서비스에 대한 중점 사항을 안내하는 중요한 문서이다. 이 문서에는 교육 서비스가 제공되는 교육환경의 형태를 구체화 하는 내용뿐만 아니라, 일정기간 동안에 달성될 것으로 기대되는 특정한 학습목표에 대한 내용도 포함하고 있다. 통상적으로 개인별 교육프로그램에 명시된 기능 습득에 대한 아동의 진척 정도를 해마다 재검토 한다. 매년 검토회의에서 다음 년도를 위한 새로운 목표가 수립되고, 학습목표로 결정된 기능들을 용이하게 습득할 수 있도록 교육 서비스들을 배치한다. 그러므로 아동의 교육프로그램의 중점사항을 학습목표 내에서 분명하게 확립해야 한다. 또한 개인별 교육프로그램은 아동의 나이가 너무 어려서 학교에 입학할 수 없지만 그래도 중재개입이 필요한 아동들에게 중요한 설계도구의 역할을 한다.

안타깝게도 아동의 개인별 교육프로그램에 포함된 목표들이 아동의 언어기능과 또 다른 중요한 학습자기능들의 발달에 크게 도움이 되지 못하는 경우가 있다. 실제 개인별 교육프로그램을 개발하는 과정에서 나타나는 문제에는 여러 가지 근본 원인이 있다. 통상적으로 이러한 문제들은 목표 선정의 토대가 되는 언어기능에 기초한 전반적인 교육과정의 부족, 모든 기본 학습자기능들에 대한 적절한 평가의 실패, 학습목표에 대한 우선순위 결정의 실패, 그리고 측정 가능한 목표들을 설정하지 못한 실패를 포함하고 있다.

전략적 수업계획의 수립을 위한 학습목표를 개발하는 데 있어서 상당한 준비가 필요하다. 그 준비에는 언어기능과 또 다른 중요한 학습자기능들의 발달에 초점을 맞추고 있는 교육과정과 연계하여 아동의 기능들을 재검토하는 절차를 포함시켜야 한다. 일단 아동의 현재 기능들을 기본 학습자기능 영역의 모든 평가항목에 따라 분명하게 검토했다면, 다음에는 학습되어야 할 중요한 기능들을 확인하고 우선순위를 결정하는 절차가 필요하다. 그 다음에는 아동이 어떤 목표를 실제로 충족시켰을 때, 그 아동을 포함하여 모든 사람들이 그 성과를 확인한 다음 구체적인 학습목표들을 다시 수립해야 한다. 이와 같이 충분한 준비를 한 다음에 실제적인 개인별 교육프로그램 회의를 진전시켜 나간다면 언어지체가 있는 아동을 위한 적절한 교육계획을 수립할 수 있게 된다.

## 1. 전반적인 목표

언어지체 아동의 개인별 교육프로그램의 개발을 위한 전반적인 목표는 언어기능과 또 다른 기본 학습자기능들에 대한 아동의 결핍 여부를 적절히 검토할 수 있는 측정 가능한 평가목록들을 개발하는 것이다(The ABLLS-R® 기준서에서처럼). 그 계획에는 기존의 기능들에 대한 확대 발전뿐만 아니라 새로운 기능들의 발달을 보장하는 내용을 포함해야 한다. 추가적으로 만약 아동이 집중적인 교육 서비스를 필요로 한다면 그 계획은 아동이 덜 구조화된 교수 상황에서도 그리고 일상의 상호작용 속에서도 학습을 가능하게 하는 그러한 기능들의 발달을 보장해야만 한다.

## 2. 교육목표의 수량

교육목표들의 수량을 고려해야 한다. 지나치게 많은 목표들은 검토해야 할 필수적인 기능들의 질적인 측면에 나쁜 영향을 미친다. 반면에 지나치게 적은 목표들은 학습자의 욕구에 적절히 대처

하지 못하는 상황을 초래할 수 있다. 너무 많거나 또는 너무 적은 목표들은 필수기능들을 발달시키기 위하여 현실적인 우선순위를 정하는 데 실패 요인으로 작용할 수 있다.

효과적인 개인별 교육목표는 20~30개 정도가 적절하다. 개인별 교육목표의 선정 과정에서 어떤 아동도 The ABLLS-R® 기준서의 25개 기능영역에 포함된 기능들을 모두 필요로 하지 않는다. 통상적으로 기본 학습자기능의 15개 기능영역 내의 1~2개 기능들을 교육목표로 선정했을 때, 20가지 정도의 적절한 하부 지도목표들을 쉽게 파악할 수 있다. 지나치게 많은 목표는 중요한 기능들의 발달과 습득에 필요한 훈련시간에 영향을 미치기 때문에 피해야 한다. 나아가 교육환경 내의 한정된 시간을 배정해야 하는데, 우발교수(Incidental Teaching)의 기회를 확보하기 위하여 그리고 현존하는 기능들의 일반화와 이의 증진을 위하여 이를 적절히 배정해야 한다. 지나치게 많은 목표들에 대한 대안으로 현존하는 목표들이 충족된 이후에 새로운 학습 과제들을 추가하는 것이다.

## 3. 개인별 교육프로그램의 내용

개별 아동을 위한 교육목표의 선택은 그 아동 고유의 욕구들을 기반으로 해야 한다. 그렇기 때문에 아동을 위한 교육목표 선정과 관련된 정확한 기준을 마련하는 것은 불가능하다. 그러나 선정과정에 도움이 되는 몇 가지 일반적인 지침을 제공하는 것은 가능하다. 또한 '자폐나 다른 발달장애 아동의 언어 교육'(Teaching Language to Children With Autism or other Developmental Disabilities(Sunburg & Patington, 1998))에 수록된 언어교육을 위한 추천 내용들을 검토함으로써, 어떤 특별한 아동을 위한 추가적인 조언을 확보할 수 있다. 몇 가지 일반지침들을 The ABLLS-R® 기준서의 4가지 주요 영역에 적합하게 제시한다: 기본 학습자기능들, 학업기능들, 자조기능들, 그리고 동작기능들.

### (1) 기본 학습자기능들

언어지체가 있는 아동을 위한 교육프로그램의 전반적인 목표는 일상적인 활동 속에서 학습을 가능하게 하는 언어기능과 또 다른 기본 학습자기능들을 아동이 배우게 하는 것이다. 일반적으로 습득되는 기능들의 중요성에 따라 교육활동에 소요되는 전체 시간이 배정되어야 한다(Payne, Radicchi, Rosellini, Deutchman & Darch, 1983). The ABLLS-R®의 기본 학습자기능 영역은 언어기능과 효과적인 학습자기능에 역점을 두는 교육과정 수립의 토대를 제공하기 때문에 교육목표의 대부분이 이 영역에서 도출된다.

적어도 교육목표의 1/2~2/3 정도를 기본 학습자기능 영역에서 선정하도록 권장한다. 이 기능 영역의 각 항목에 속하는 아동의 현재 기능들을 고려해서 이에 해당하는 몇 가지 기능들을 발달시키기 위하여 그것에 적합한 여러 목표들을 설정해야 하지만, 이 기능 영역과 다른 기능 영역들이 상호 연계된 어떤 목표들을 이 시점에서 설정할 필요는 없다. 기본 학습자기능 부문의 각 기능 영역을 위하여 몇 가지 개괄적인 지침들을 아래에 제시했다.

#### A. 협조와 강화제 효과 (Cooperation And Reinforcer Effectiveness)

아동이 과제 학습에 참여하도록 아동의 협조 능력을 향상시키고 강화스케줄을 점차로 희박하게 하는 것(강화의 빈도를 점차적으로 줄여 나가는 것)이 중요하다. 그러나 약해진 강화에도 불구하고 아동이 강화를 위하여 활동하게 되는 것은 지도 과정에서 부수적으로 나타나는 부산물이기 때문에 강화 스케줄을 희박하게 하기 위한 특별한 목표를 수립할 필요는 없다. 그러나 만약 아동이 교사가 통제하는 강화제, 간헐강화 스케줄, 사회적 강화, 그리고 다양한 교사들에게 반응하지 못한다면, 이 영역에 이를 위한 적절한 목표를 포함시킬 수 있다.

또한 교사는 아동이 책상에 제시된 과제를 수행할 수 있도록 지도하는 것이 중요하다. 그러므로 아동이 적절이 앉아 있지 못하거나, 교사의 지시를 기다리는 동안에 학습자료를 계속 만지거나, 교사를 주시하면서 교사의 말이나 지시를 경청하지 못하거나, 학습자료를 주의 깊게 살펴보지 않기 때문에 적시에 특정한 과제를 완수하지 못한다면, 그러한 기능 습득을 도울 수 있는 목표들을 포함시킬 수 있다.

### B. 시각적 수행 (Visual Performance)

시각적 수행 영역에 1~3가지의 목표들을 포함시키는 것이 적절하다. 언어지체가 있는 많은 아동들은 비언어적 자극에 주의를 기울이고 이를 다루는 데 있어서 상당한 강점을 보여 준다. 그래서 아동이 현재 가지고 있는 장점을 바탕으로 목표를 설정해야 하며 그 결과 점증적으로 복잡하게 배열되는 자극에 대해서도 주의를 기울일 수 있도록 그의 능력을 발달시키면서 그가 학습활동에 참여하여 강화를 쉽게 얻을 수 있게 한다.

시각적 수행 기능들의 발달이 다른 중요한 기능들을 발달시키기도 한다. 예를 들면, 아동이 퍼즐 완성을 익혔을 때, 그는 교사의 신체 촉진과 언어 지시에 더욱 협조적으로 반응하고 보다 발전된 형태의 소근육 동작기능들을 발달시킬 수 있다.

### C. 수용언어 (Receptive Language)

이 기능 영역에 적어도 한 가지 이상의 목표를 포함시키는 것이 매우 중요하다. 수용언어는 다른 언어영역과 비교해 볼 때 이 영역에서 강점을 보이고 있는 아동들에게도 발달을 필요로 하는 영역이다.

만약 아동이 단순한 지시를 따르지 않는다거나 또는 간단히 배열해 놓은 물건들 중에서 지목된 물건을 선택할 수 없다면, 이러한 기능들을 발달시키기 위한 목표를 포함시켜야 한다. 예를 들면, 일과 활동의 일환으로 단순한 지시를 따르게 하는 목표를 포함시키거나, 2개의 물건을 배열하여 제시하는 방법으로 적어도 5~10개의 물건들을 변별할 수 있게 하는 목표를 포함시키는 것이다. 약간의 지시를 따를 수 있거나 5~10개의 물건들을 수용적으로 파악할 수 있는 아동을 위해서는 더욱 복잡한 지시를 따르게 하거나, 더 많은 물건들(아마도 30~50개의 물건들)을 수용적으로 파악할 수 있게 하거나, 또는 어떤 활동들을 수용적으로 파악할 수 있게 하는 목표들을 포함시키는 것이다.

목표를 위한 기준을 설정할 때, 이미 알고 있는 물건들의 전체 수량을 명확히 말하는 것이 그 아동이 "앞으로 30개의 새 물건들에 대하여 배울 것이다."라고 말하는 것 보다 더 유용하다. 이전의 개인별 교육프로그램 이후로 새롭게 배우게 될 물건들의 수량을 확인하는 것보다 아동이 현재 알고 있는 전체 물건들의 수량을 정확히 말하는 것이 더 용이하다.

50~100개 이상의 물건들을 변별할 수 있는 아동을 위해서는 동사, 형용사와 명사의 결합, 전치사, 명사와 부사의 결합 등을 사용하여 복잡한 수용적 변별을 배울 수 있게 하는 목표들을 포함시키는 것이 적절하다. 또한 물건과 관련된 어떤 내용을 말해 주었을 때, 아동이 그 물건을 수용적으로 파악할 수 있게 하거나 시간과 공간을 이용한 더욱 복잡한 지시(예: 식탁에 가서 컵을 가져와라)를 따르게 하는 목표를 포함시키는 것이 유용하다.

### D. 동작모방 (Motor Imitation)

일반적으로 모방기능을 잘 발달시키지 못했거나 일반화하지 못한 아동을 위해서 모방 목표를 포함시켜야 한다. 일정한 고정된 자세를 유지해야 하는 행동들(예: 양손 바닥 맞대고 있기)과 동작을 포함하는 운동 반응들(예: 손뼉치기)을 모두 포함하여 광범위한 여러 동작들을 아동이 동일하게 따라 할 수 있어야 한다. 또한 아동이 동작의 속도와 강도를 그대로 따라 할 수 있고, 다른 사람들이 새로운 동작으로 전환했을 때 아동 역시 전환할 수 있어야 한다. 모방기능의 발달은 지시에 장시간 주의를 기울이거나 모방하려는 반응의 동적인 특징에 주의를 기울일 수 있는 능력을 발달시키는 데 도움이 된다. 반응의 세부적인 부분에 주의를 기울일 수 있는 능력의 발달은 발성모방의 발달을 용이하게 한다(Ross & Greer 2003). 만약 아동이 단지 또래들을 모방하거나 또는 자발적으로 모방하는 방법을 배울 필요가 있다면, 이러한 기능들은 사회성기능 영역이나 놀이기능 영역의 목표에 포함시켜 다룰 수 있다.

## E. 발성모방 (Vocal Imitation / Echoics)

발성모방을 향상시키려는 목표는 분명하게 말하지 못하는 아동을 위하여 고려되어야 한다. 단어들을 반향시킬 수 없는 아동을 위해서는 간단한 발성(단지 2가지 소리)을 목표로 하고, (만약 그러한 기능들을 약간 수행할 수 있다면) 머리와 입에 대한 모방을 목표로 하는 것이 유용하다. 소리들을 반향시킬 수 있는 아동들을 위해서는 소리들의 단순한 결합, 간단한 단어들 그리고/또는 어절들을 목표로 하는 것이 효과적이다. 어절들을 따라서 말할 수 있는 아동들을 위해서는 발음의 개선, 크기와 고저의 변화, 말의 속도(예: 운율)에 초점을 맞추어 목표들을 설정하는 것이 유용하다.

## F. 요청 (Mands)

언어지체가 있는 대부분의 아동들은 강화제나 정보를 요청할 수 있는 능력을 개선시킬 필요가 있다. 물건과 활동을 요청하지 못하는 아동들을 위하여, 아동이 여러 물건들 그리고/또는 활동들을 요청할 수 있게 하는 적어도 한 가지 목표를 포함시키고, 그러한 물건들과 활동들을 자발적으로 요청할 수 있게 하는 다른 목표를 포함시켜야 한다. 여러 가지 물건들과 활동들을 자발적으로 요청할 수 있는 아동들을 위해서는, 아동이 누락된 물건(예: 종이 위에 그리기 위한 크레용)이나 정보(예: '누가', '무엇', '어디서'를 이용하여 질문)를 요청하거나, 물건을 또래나 어른들로부터 요청할 수 있게 하는 목표들을 포함시키는 것이 적절하다. 후자의 목표는 개인별 교육프로그램의 사회성 기능 영역에 포함시킬 수도 있다. 마지막으로, 물건이나 활동을 요청할 때 아동은 반드시 상대방을 바라 보아야 한다.

## G. 정보설명 (Tacts)

수용언어에서처럼, 정보설명에 대한 적어도 하나 이상의 목표들을 포함시키는 것이 매우 중요하다. 정보설명 기능들은 심지어 다른 언어영역과 비교해 볼 때 이 영역에 강점을 보이고 있는 아동들에게도 항상 발달을 필요로 한다. 만약 아동이 물건들의 이름을 전혀 말할 수 없지만 단어들을 따라서 반복하거나 또는 수화를 모방할 수 있는 능력을 가지고 있다면, 이러한 기능들을 발달시킬 수 있는 목표들을 포함시키는 것이 바람직하다. 예를 들면, 적어도 5가지 물건들의 이름을 말하게 하는 목표를 포함시킨다(예: 강화제 또는 보통 물건들).

5~10가지 물건들의 이름을 말할 수 있는 아동을 위하여, 더 많은 물건들의 이름을 말하게 하는 목표들을 포함시키는 것이 필요하다(30~50개 정도의 물건들). 50~100개 이상의 물건들의 이름을 말할 수 있는 아동을 위해서는 동사, 명사와 동사의 결합, 형용사와 명사의 결합, 전치사, 대명사 등을 포함하는 더욱 복잡한 정보설명 기능을 배울 수 있게 하는 목표들을 포함시키는 것이 바람직하다.

### H. 내면언어 (Intraverbals)

적어도 몇 가지의 물건이나 활동을 요청할 수 있고 몇 가지 정보설명 기능과 수용언어 기능을 가지고 있는 발성 가능한 아동에게 내면언어 기능을 가르칠 수 있다. 이러한 기능을 가지고 있는 아동을 위하여 노래 가사의 빈 부분을 알맞은 가사로 채우거나 적합한 단어들을 사용하여 간단한 어절을 완성하는 목표를 포함시킬 수 있다. 수화를 사용하여 물건을 요청하는 방법을 배우고 있는 발성이 불가능한 아동들을 위해서 요청한다는 의미의 특정한 신호를 상대방에게 할 수 있는 목표를 포함시키는 것이 적절하다(예: 수화 전달).

100개 이상의 물건들과 활동들을 수용적으로 파악하고 정보설명할 수 있는 아동은 내면언어 기능들을 발달시키기 위하여 여러 개의 목표들을 수립해야 한다. 이러한 목표들은 활동을 끝내기 위하여 동작의 순서들을 설명할 수 있는 기능들도 포함해야 한다. 이 밖에도 물건들의 기능, 특징, 종류에 대하여 설명하거나 누가, 언제, 어디서, 왜, 무엇을 사용하는 여러 가지 질문들에 대답하는 기능들을 포함시켜야 한다.

## I. 자발적 발성 (Spontaneous Vocalization)

아동의 자발적 발성을 발달시키는 것이 매우 중요하다. 그렇지만 자발적 언어는 종종 언어 사용 과정에서 자연적으로 발생하는 강화의 직접적인 결과로 인하여 증가되기 때문에 특별히 목표에 포함시킬 필요는 없다. 하지만, 만약 아동이 많은 언어기능들을 가지고 있지만 그러한 기능들을 자발적으로 사용하지 않는다면, 이 영역을 목표에 포함시키고 그 기능의 사용과 관련하여 동기부여적 요소를 재검토하는 것이 유용할 수도 있다. 많은 언어기능들은 사회적 강화에 의하여 유지된다는 사실과 특히 물건, 활동, 정보들을 요청하는 것과 무관한 언어들에 의하여 유지된다는 사실을 기억해야 한다. 그래서 아동이 자발적 언어(요청은 포함 안 됨)를 사용하여, 실제로 강화를 받을 수 있도록 해야 한다.

## J. 구문과 문법 (Syntax and Grammar)

아동이 요청, 정보설명 그리고 내면언어 기능을 발달시키고 어절에 단어들(수화들)을 결합하기 시작할 때, 이 영역을 위하여 1~2개의 목표를 포함시키는 것이 적절하다. 사람들이 아동과 상호작용하면서 적절한 단어순서의 사례들을 끊임없이 제공하기 때문에, 더욱 발전된 형태의 요청, 정보설명 그리고 내면언어 기능들을 배우는 과정에서 구문과 문법 기능들이 함께 발달된다(Palmer, 1996; Palmer, 1998). 그렇지만, 기능적 측면의 언어기능들이 잘 확립될 때까지 언어의 이러한 형태적 측면들의 발달을 지나치게 강조하지 말아야 한다.

## K. 놀이와 여가 (Play and Leisure)

아동의 놀이 또는 여가 기능들을 향상시키기 위하여 이 영역에 대한 적어도 한 가지 목표를 포함시키는 것이 적절하다. 장난감을 가지고 놀지 않거나 또는 적절한 여가활동에 참여하지 않는 아동을 위하여, 여러 가지 놀이활동을 증가시키기 위한 목표와 놀이와 여가 활동에 소요되는 전체시간을 증가시키기 위한 두 번째 목표를 정하는 것이 바람직하다. 몇 가지 적절한 놀이와 여가 기능들을 가지고 있지 못한 아동들을 위하여 또래들과의 상호작용이 포함된 놀이와 여가 기능을 목표에 포함시키는 것이 적절하다.

### L. 사회적 상호작용 (Social Interaction)

사회적 상호작용 기능들은 언어기능들과 관계없이 아동의 발달을 위하여 항상 필요하다. 만약 아동이 매우 빈약한 언어기능들을 가지고 있다면, 인사에 응대하기, 순서 따르기, 상호작용을 위하여 다른 사람들에게 접근하기, 그리고 강화제 없이도 반응하기와 같은 사회성 기능들을 목표로 삼아야 한다. 만일 아동이 다양한 언어기능들을 가지고 있다면, 또래에게 물건이나 정보를 요청하고 공유하기 위하여 제안을 하고, 인사를 건네고, 다른 사람들과 대화하는 방법을 배우고, 관심 있는 주제에 대하여 다른 사람에게 말하는 방법을 배울 수 있다.

또한 아동이 다른 사람들의 행위와 관심사에 주의를 기울이는 방법을 배우는 것이 매우 중요하다. 행동의 적절성뿐만 아니라 후속결과들의 영향을 고려하여 아동에게 피드백을 제공할 경우에 제공자의 행동에 미묘한 변화가 상당히 많이 나타난다. 타인과의 성공적인 상호작용을 위하여 사용되는 단어들의 미묘한 변화, 그 단어를 말하는 태도, 얼굴 표정, 그리고 다른 사람들의 행위에 주의를 기울이도록 아동을 가르쳐야 한다.

또한 아동이 다른 사람과의 상호작용에 관심을 갖도록 하기 위하여 동기부여와 관련된 변수들을 고려해야 한다. 아동이 다른 사람과의 상호작용에 필요한 언어기능들을 가지고 있을 수도 있다. 그렇지만 다른 사람들과의 상호작용이 아동에게 강화를 제공하지 못한다면, 아동은 사회적 상호작용을 하지 않아도 받을 수 있는 다른 강화제에 접근할 것이다.

### M. 집단지도 (Group Instruction)

아동의 집단활동 참여 기능을 발달시키기 위하여 적어도 1개의 목표를 포함시키는 것이 바람직하다. 아동에게 직접 지시하지 않았기 때문에 아동이 지시나 교육활동에 반응하지 않았다면 이러한 권고에 대한 예외가 나타날 수도 있다. 또 다른 예외는 또래들이 가까이 있을 때 자주 공격적인 행동을 하는 아동의 경우이다.

언어와 집단참여에 대한 최소한의 기능들을 가지고 있는 아동들을 위하여, 그가 수행 가능한 기능들을 소집단 내에서 사용하는 것을 지도 목표로 정할 수 있다(예: 모방, 또는 간단한 수용적 과제와 정보설명 과제). 언어와 집단참여 기능과 관련하여 보다 발전된 기능들을 가지고 있는 아동들을 위하여, 집단지도 목표는 집단 내에서 새로운 언어기능들의 습득을 목표로 삼아야 한다(예: 정보설명 그리고/또는 내면언어). 집단참여 기능들을 가르치기 위하여 목표를 설정할 때, 그 목표 달성에 필요한 교사 대 학생의 비율과 학생에게 요구하는 반응의 형태를 구체화하는 것이 중요하다.

### N. 학급일과 따르기 (Follow Classroom Routines)

학급일과 따르기 기능을 발달시킬 수 있는 목표를 포함시키는 것이 적절하다. 이러한 목표들은 기본적이고 수용적인 기능들의 발달에 있어서 결정적인 역할을 하며, 다음 활동으로 이동하는 동안에 분열성 행동을 하는 아동에게 중요한 목표가 된다. 이 영역의 목표들은 모든 학생들을 위해 설정된 일과와 계획에 따라서 학생이 다른 교실로 이동하는 것을 도와주기 때문에 특히 중요하다.

### P. 반응 일반화 (Generalization Responding)

기능의 일반화는 통상적으로 특정한 기능의 발달과정에서 반드시 거쳐야 할 통과의례적인 요소이기 때문에, 기능의 일반화를 목표에 반드시 포함시킬 필요는 없다. 그렇지만 아동이 자신의 기능들을 일반화하는 데 어려움을 가지고 있다면(즉, 단지 그가 매우 통제된 상황에서만 각 반응을 하는 아동이라면), 일반화가 그 계획의 일부가 되도록 목표를 설정할 수 있다.

### (2) 학업기능들

Q. 읽기 기능 (Reading Skills), R. 수학 기능 (Math Skills),
S. 쓰기 기능 (Writing Skills), T. 철자법 (Spelling)

앞에서 언급한 것처럼, 학업기능들의 교육적 목표는 The ABLLS-R®의 기본 학습자기능 영역에 포함된 기능들 위하여 설정된 목표만큼 그렇게 결정적으로 중요하지는 않다. 그렇지만 기본 학습자기능 영역에 속하는 대부분의 기능들이 발달된 아동을 위하여 학업기능 영역들의 각 영역에서 1~2개의 목표를 고려해 보는 것이 적절하다. 기본 학습자기능에 속하는 많은 기능들을 발달시키지 못했지만 숫자, 글자, 또는 단어들에 높은 관심을 보이는 아동을 위하여 그 아동의 관심에 따라서 1~2개의 목표를 설정하는 것이 적절할 수도 있다.

### (3) 자조기능들

U. 옷 입기 기능 (Dressing Skills), V. 식사하기 기능 (Eating Skills),
W. 몸 단장 기능 (Grooming Skills), X. 용변보기 기능 (Toileting Skills)

자조기능 또는 일상생활의 활동에 어려움을 가지고 있는 아동에게 필수적인 옷 입기, 식사, 몸 단장, 또는 용변 기능들을 가르치기 위하여 1개 이상의 목표들을 선택하는 것이 적절하다. 그렇지만 이러한 기능들을 가르치는 데 상당히 많은 시간을 희생하기보다는 오히려 일상적인 활동과정에서 자연스럽게 이러한 기능들을 가르치는 것이 더 바람직하다. 또한 이러한 기능들의 발달은 기본 학습자 기능들을 가르치고 이를 일반화하기 위한 더 좋은 환경을 제공한다.

## (4) 동작기능들

### Y. 대근육 동작기능 (Gross Motor Skills)

만약 아동이 어떤 형태로 대근육 동작이 결핍되어 있다면, 그러한 기능들의 발달에 초점을 맞추는 1~2개의 목표를 포함시키는 것이 바람직하다(근육 동작기능들의 심한 지체는 해당 전문가 즉, 신경과 의사나 작업치료사 등에 의하여 검토되어야 한다). 최소한의 언어기능이나 최소한의 수용적 지시 따르기 기능들을 가지고 있는 아동을 위해서 또는 근육의 통제와 조절 능력이 부족한 학생을 위해서, 가르쳐야 할 각 기능들을 중점적으로 다루기 위한 여러 개의 구체적인 목표들을 가지고 있는 것이 바람직하다. 잘 발달된 언어기능이나 동작기능들을 가지고 있는 아동을 위하여 1개 목표에 여러 관련된 기능들을 결합시키는 것도 가능하다(예: 아동이 목표를 향하여 공을 굴리고, 던지고, 발로 찰 수 있다).

동작기능들의 발달은 아동이 사회적 상호작용에 성공적으로 참여하고 일반학급에 편입될 수 있는 기회를 얻을 수 있도록 도와 주는 방향으로 진행되어야 한다(예: 운동장에서 게임 하기). 이에 따라 이 영역이나 또는 개인별 교육프로그램의 사회적 상호작용 영역에 또래들을 참여시키는 대근육 동작기능을 포함 시키는 것이 바람직하다.

### Z. 소근육 동작기능 (Fine Motor Skills)

아동의 소근육 동작기능을 향상시키기 위한 목표를 포함시킬 필요가 있다. 그렇지만 이 기능들의 많은 부분이 개인별 교육프로그램의 다른 영역에서도 자주 다루어진다. 예를 들면, 최소한의 언어기능을 가지고 있는 어떤 아동은 지신의 개인별 교육프로그램의 시각적 수행 영역에 포함된 목표를 달성하는 과정에서 몇 가지 소근육 동작기능들을 동시에 발달시킬 수 있다(예: 블록 디자인 카드 위에 블록들을 올려 놓기). 만약 아동이 이미 몇 가지의 대근육 동작 모방기능을 가지고 있거나 또는 신체 촉진을 하도록 허락한다면 소근육 동작기능 영역에서 습득해야 할 몇 가지 간단한 과제들을 선정하는 것이 바람직할 수도 있다. 잘 발달된 기본 학습자기능을 보유하고 있는 아동은 학업영역에 포함된 기능들을(예: 글자를 베끼거나 또는 쓰는 목표) 학습하는 과정에서 함께 발달시킬 수 있는 소근육 동작기능들을 이미 보유하고 있을 수 있다.

## 4. 행동문제

비록 The ABLLS-R®이 분열성 행동에 특별히 대처하지 않는다 하더라도, 이러한 관심사를 중점적으로 다루기 위한 목표들을 포함시키는 것이 중요하다. 행동적 관심사를 다루기 위한 목표들을 포함시키게 되면, 대체행동이나 상반행동을 적절하게 가르쳐 바람직하지 않은 행동들을 감소시킬 수 있는 적합한 중재개입의 개발이 보장된다. 여러 상황에서 행동전문가를 참여시키는 것이 중요한데, 그렇게 하면 개인별 교육프로그램 목표에서 확인된 특별한 욕구를 처리할 수 있다. 과제의 난이도, 강화제를 받는 데 필요한 반응의 횟수, 그리고 대체행동을 위한 다른 강화제의 유효성을 포함하여 분열성 행동의 발생에 영향을 미치는 요인들이 많이 있다. 이로 인하여 아동이 분열성 행동을 보일 때, 그 행동의 기능을 파악하고 적절한 중재개입 전략들을 추천해 줄 수 있는 잘 훈련된 행동전문가를 찾는 것이 중요하다(행동상담전문가 또는 행동분석전문가는 행동분석전문가 자격심의 위원회(Behavior Analyst Certification Board–BACB, www.bacb.com)로부터 행동분석에 대한 공식적인 훈련과 지휘감독을 받았다는 것을 인증 받았다). 문제행동이 개선되었다 하더라도, 아동을 교육하고 있는 사람들이 문제행동을 효과적으로 개선시켰던 중재 전략에 지속적으로 주의를 기울일 수 있도록 행동유지 목표를 포함시키는 것이 도움이 된다.

## 5. 다른 사람으로부터의 정보

개인별 교육프로그램을 개발할 때, 그 아동의 현재 기능에 정통한 다양한 사람들로부터 정보를 확보해야 한다. 비록 The ABLLS-R® 기준서가 아동의 기능과 관련하여 상당히 많은 정보를 제공해주지만, 아동을 위하여 선택된 목표의 적절성도 보장되어야 한다. 개인별 교육프로그램 회의를 하기 전에 아동과 관련된 모든 사람들(예: 부모, 교사, 언어치료사, 작업치료사, 행동분석전문가,

심리학자, 또는 소아과 전문의)과 함께 제안된 목표들에 대하여 토론하고, 그들로부터 정보를 확보하는 것이 도움이 된다. 어떤 제안된 계획을 여러 전문가들이 함께 검토하게 되면, 그 계획이 합리적이며 그 계획 안에는 다루어야 할 모든 기능들이 포함되어 있다는 사실을 객관적으로 보장받는다. 부모나 전문가들로 구성된 잘 훈련된 팀에 의한 검토는 아동이 장기 교육계획에 따라 발전해 나가는 과정에서 나타날 수 있는 성과들에 대하여 합리적인 기대를 할 수 있게 한다.

## 6. 기준

일단 아동을 위한 교육계획 속에 중요한 기능들이 포함되어 있다는 사실을 보장하는 목표들이 선정되었다면, 그 아동이 습득한 기능을 보여 주는 방법에 대해서도 관계자들의 의견이 일치되었다는 사실을 보장할 필요가 있다. 기능 습득을 측정하는 여러 다른 방법이 있다 하더라도(예: 10번 시도 중에 8번, 80%의 정확성) 중요하게 고려해야 할 사항은 모든 사람들이 각 기능들에 기대하는 수행수준에 대하여 의견의 일치를 보는 것이다. 교사가 이미 적절한 자료수집 방법과 절차를 사용하고 있는 상황이라면 자료수집에 관한 현행 기준들을 그대로 적용하는 것이 바람직하다. 그렇지만 만약 보조자가 자료수집에 익숙하지 못하거나, 자료수집 방법이 파악하고자 하는 기능에 적합하지 않다면, 그 기능이 입증될 것으로 기대되는 조건과 수행수준을 측정하기 위한 정확한 방법을 분명하게 서술할 필요가 있다.

특정한 기능의 모든 측면을 구체화하고 그에 대한 자료를 수집하기 보다는 차라리 자조, 학급 일과, 그리고 동작 기능들과 같은 목표에 한하여 교사의 관찰기준을 포함시켜 교사가 '지나치게 많은 자료'를 수집하게 되는 부정적 결과를 최소화할 수 있다. '교사의 관찰 기준'은 아동의 개인별 교육프로그램 팀의 구성원들이 기대되는 수행수준(예: 아동이 혼자서 자신의 손을 닦고 건조시킬 수 있다.)을 분명하게 이해하고 있는 상황에서 적절하게 적용된다. 그렇지만 구성원들은 그 목표가 의도하는 것(예: 비누로 손을 씻고, 다른 아동이나 어른이 그 아동 옆에 서 있지 않아도 종이수건을 꺼내어 손의 물기를 말린다.)에 대하여 서로 의견의 일치를 보았다는 것을 보장하기 위하여 그 기능이 발달되는 방법에 대하여 토론을 해야 한다.

유능한 전문가로부터 어떤 교육 서비스를 제공받기 위하여 계약을 체결했을 때, 그들이 발달시킬 수 있는 기능들에 대하여 그들이 원하는 수행기준을 추천하도록 하는 것이 도움이 된다. 예를 들면 언어치료사, 특수체육교사, 작업치료사와 같은 전문가들은 어떤 기능들의 발달을 문서화할 수 있는 구조화된 방법들을 알고 있다. 기능의 발달을 측정하는 전문가들이 사용하는 방법들을 가지고 개인별 교육프로그램 팀의 구성원들이 기능의 발달 여부를 충분히 파악할 수 있다면, 그 전문가들에게 현재 사용하고 있는 방법을 바꾸도록 강요할 필요는 없다. 작성된 서류의 전문성 수준에 초점을 맞추기보다 오히려 아동의 기능 발달에 역점을 두어야 한다.

# The ABLLS-R® 사례 검토

어떤 특정 아동의 교육의 우선순위를 개발하기 위한 목적으로 일반적인 지침을 적용하기 위해서, 두 명의 가상 아동들의 기능에 대한 사례를 제시하고 분석하고자 한다(이 내용이 어떤 특정한 아동의 사례와 유사하다면 이것은 단지 우연히 일치이다). 또한 이 사례들은 The ABLLS-R®을 통하여 확보한 정보를 바탕으로 특정한 개인별 교육프로그램을 개발하는 방법을 제시하고 있다(각 아동의 욕구사항을 철저히 검토하지 않은 상태에서 이 사례들을 실제 아동의 개인별 교육프로그램의 개발을 위하여 적용하는 것은 바람직하지 않다).

첫 번째 사례는 언어기능과 기본 학습자기능의 대부분이 결핍된 '하위 학습자'의 사례이다. 두 번째 사례는 기본 학습자기능의 전부는 아니지만 그 일부분을 수행할 수 있는 '상위 학습자'의 사례이다. 두 학습자를 위하여 작성된 기능 추적표와 개인별 교육프로그램 목표들은 부록 1과 2에서 각각 찾아 볼 수 있다.

# '하위 학습자'의 The ABLLS-R® 사례 검토

## 전반적 설명

소라는 39개월 된 여아이다. 소라의 부모는 소라가 30개월 무렵부터 말을 하지 못하는 것을 걱정하면서 언어지체에 대한 원인을 파악하기 위하여 여러 전문가들을 찾아 다녔다. 소라의 부모는 소라가 스스로 즐거워하면서 행복을 느끼는 어린 아동이지만, 다른 사람의 행동에는 전혀 관심을 보이지 않는다고 말했다. 소라는 3살 바로 직전에 자폐장애 진단을 받았다. 최근에 소라는 어린 자폐 아동들에게 조기 교육을 전문적으로 제공하는 학교에 등록했다. 이 프로그램은 행동원리를 기반으로 하는 집중적인 언어프로그램이다. 비 연속 개별시도 교육(Discrete Trial Training)과 자연 환경적 교육(Natural Environment Training)이 함께 제공되었다. 소라의 부모는 적극적으로 그녀의 교육에 관여했다. 그 프로그램을 시작한 소라는 다양한 기능들을 습득하기 시작했다.

## 기능의 평가

The ABLLS-R®은 25개 평가영역의 각 항목에 걸쳐 소라의 기능을 평가하기 위하여 사용되었다. 소라의 기능들을 설명한 다음(소라의 수행능력에 대한 평가결과는 뒤에 제시된 각 영역에 대한 기능 추적표 참조), 교육의 우선순위를 결정하기 위하여 소라의 기능들을 분석하였다. 추가적으로 소라에 대한 구체적인 학습목표의 선택과 관련된 이론적 근거도 함께 제공하였다.

## 하위 학습자 평가 영역 A – D

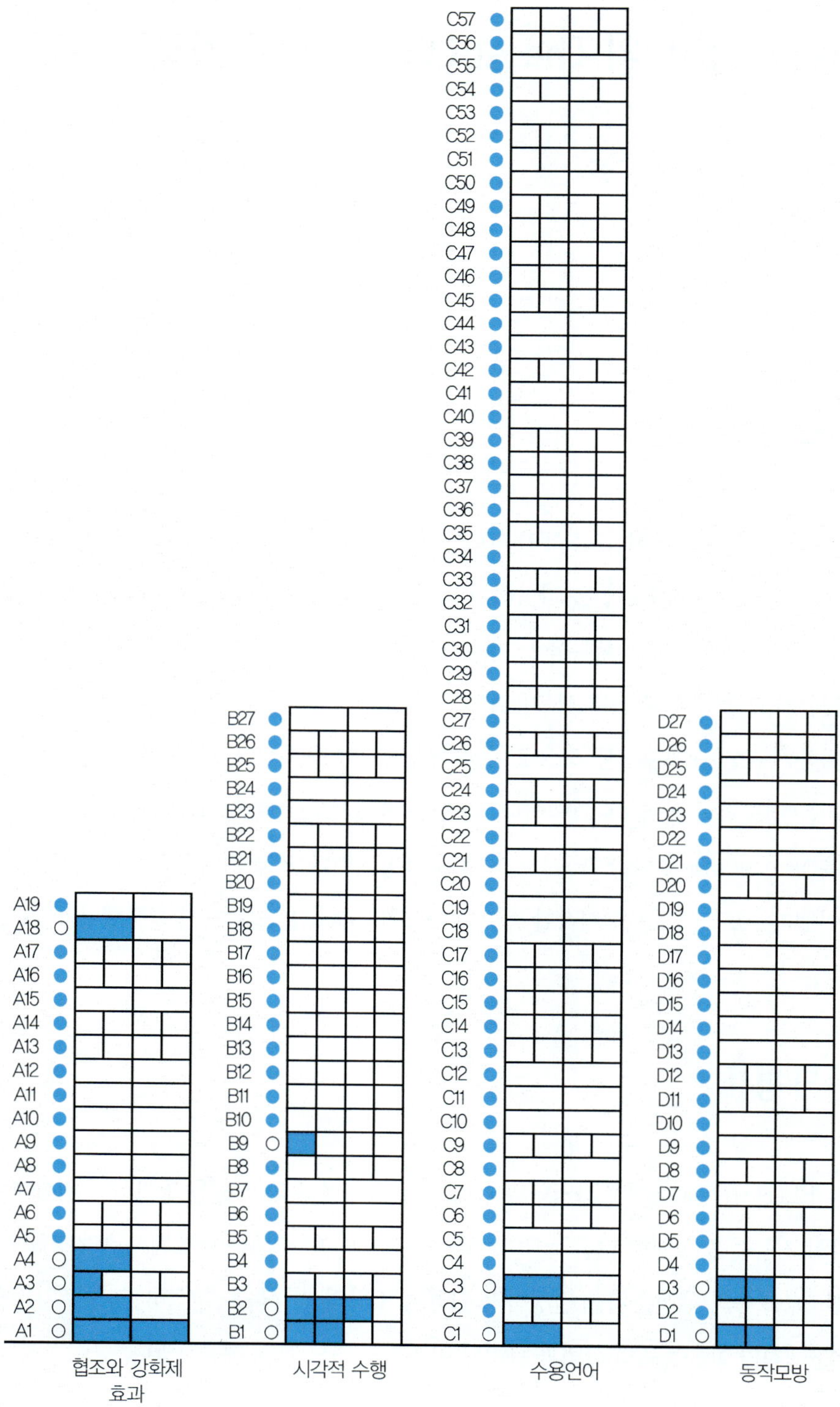

## 기본 학습자기능 부문

### A. 협조와 강화제 효과

소라는 선호하는 물건을 자주 가져가고, 때때로 보통 물건을 건네주면 그것을 받아 들인다(A1=2, A2-4=1). 소라는 때때로 자신의 행동에 대한 다른 사람의 관심 여부를 파악하기 위하여 그 사람을 주목한다(A18=1).

### B. 시각적 수행

소라는 동일한 물건들이나 그림들을 일치시키지 못한다(B3-7=0). 최근에 소라는 디자인 카드의 패턴에 2가지 색깔의 블록을 일치시켰고(B9=1), 여러 가지의 단일조각 삽입퍼즐을 완성했으며(B1=2), 여러 도형 모형들을 하나씩 제공했을 때 그 모형들을 모형상자의 적절한 위치를 찾아 넣었다(B2=3),

### C. 수용언어

소라는 자신의 이름이 호명될 때, 그 사람을 가끔 바라보고(C=1), 경우에 따라서는 자신 앞에 제시된 물건들을 바라 보라는 지시를 따른다(C=3). 촉진 없이는 간단한 지시조차도 따르지 못하며(C2와 4-7=0), 수용적으로 물건들을 파악할 수 없다(C11-14=0).

### D. 동작모방

소라는 다른 사람들의 행동에 관심도 없고 자발적으로 모방하지도 않는다(D26=0). 소라는 최근에 8가지 운동동작(D3=2)과 물건을(예: 드럼치기) 가지고 하는 8가지 동작(D1=2)을 모방하기 시작했다. 소라는 머리, 입, 또는 혀와 연관된 어떤 동작도 할 수 없다(D9와 10=0).

## 하위 학습자 평가 영역 E – K

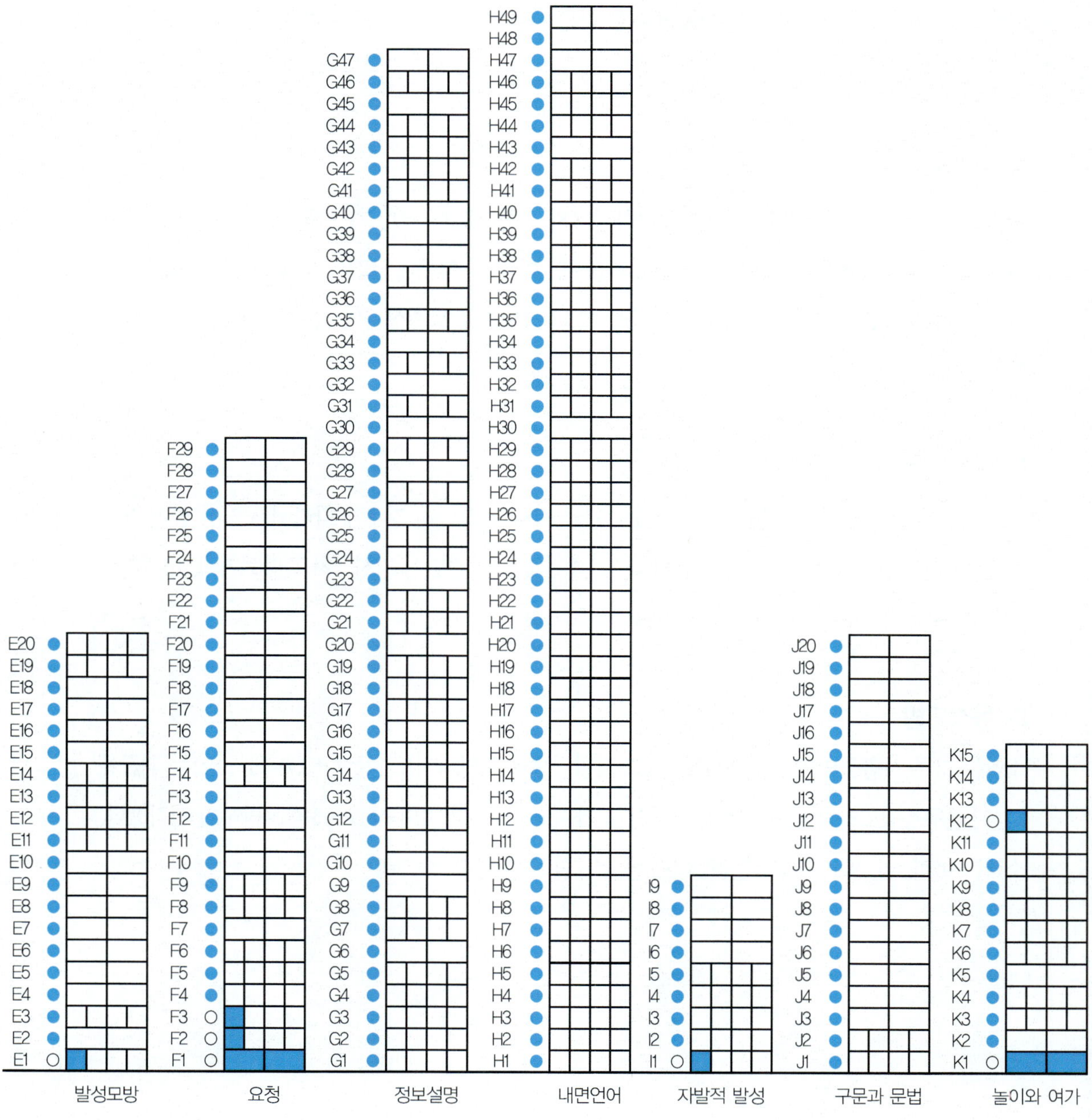

## E. 발성모방

최근에 소라는 2가지 소리 '마' 와 '아'를 모방하기 시작했다. 그 이외의 다른 어떤 소리나 단어도 모방하지 못한다(E1=1).

## F. 요청

소라는 자신이 원하는 어떤 특정한 물건의 옆에 서서, 그 물건이나 활동을 원한다는 의사를 표현한다(F1=2). 최근에 사탕이나 책(책에 그려져 있는 그림 보는 것을 좋아함)을 요청할 수 있는 수화를 배웠다. 여러 물건들이 눈앞에 있을 때, "무엇을 원하니?"라고 물어 보면, 소라는 최근에 배운 요청 기능을 사용한다(F2와 3=1, F4=0).

## G. 정보설명

소라는 물건의 이름을 전혀 모른다 (모든 G=0).

## H. 내면언어

소라는 말을 하지 못하고, 대화에 참여할 수 있을 정도로 수화 실력이 좋지 않으며, 간단한 노래나 어절 또는 단어 조합의 빈칸에 적합한 단어를 채워 넣을 수 없다 (모든 H =0).

## I. 자발적 발성

소라는 아주 조용히 지내는 아동으로 옹알거리거나 어떤 말소리를 가끔 낸다(I1=1).

## J. 구문과 문법

소라는 수화를 사용하여 2가지 물건들을 요청하는 것 이외에는 어떤 언어소통도 하지 못한다(모든 J= 0).

## K. 놀이와 여가 기능

소라는 한 번에 몇 분 동안 몇 개의 장난감을 살펴 본다(K1=2). 소라는 공을 던질 수 있다(K12=1). 그러나 신체 촉진을 여러 번 받지 않는다면, 그 장난감들을 고안된 용도에 알맞게 사용하지 못한다(K5=0).

## 하위 학습자 평가 영역 L – S

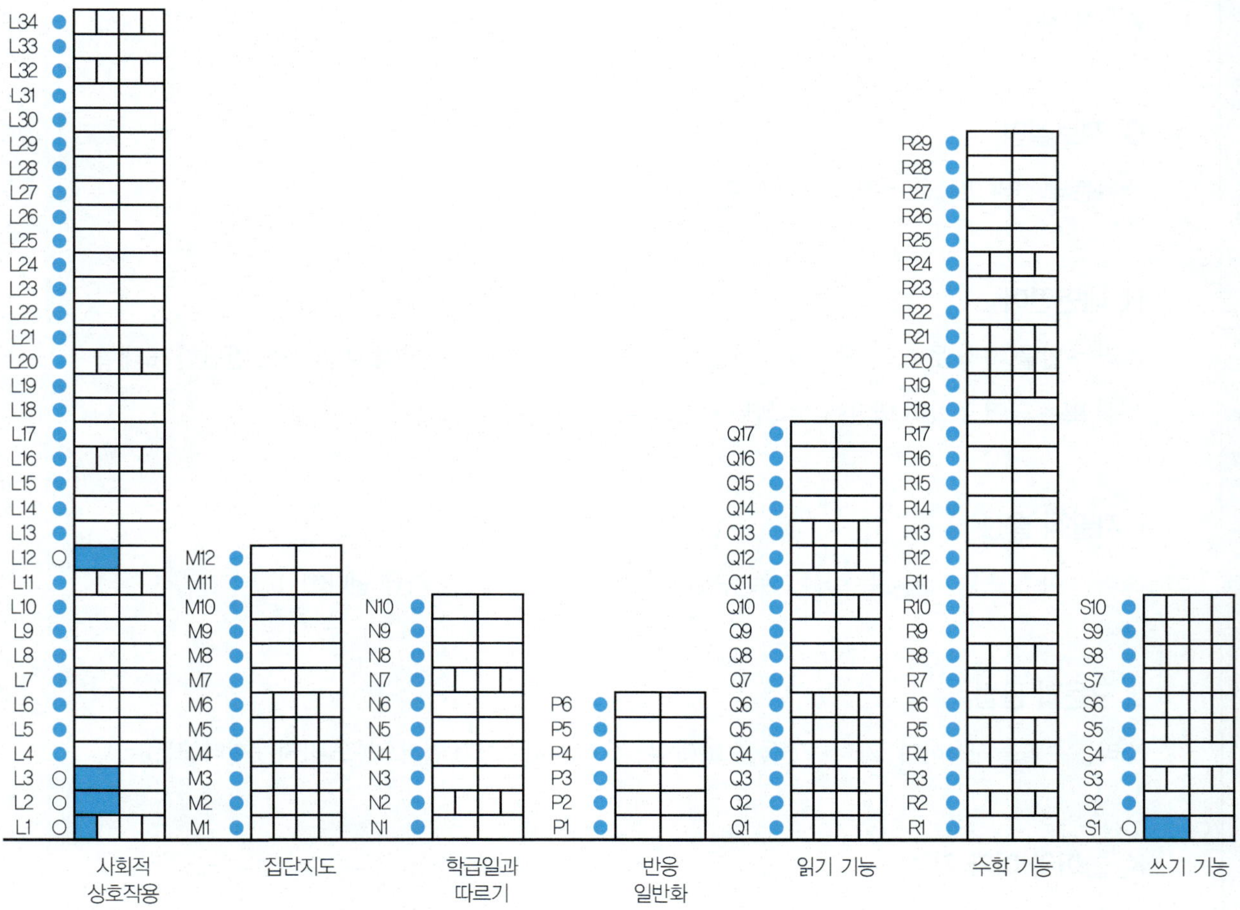

### L. 사회적 상호작용

소라는 또래들과의 사회적 상호작용을 위하여 어떠한 접촉도 먼저 시도하지 않지만(L4-6=0), 이따금 소라는 다른 아이들로 하여금 자신을 어떤 활동에 이끌도록 허용하고 (L1, 3과 12=1), 때때로 자신에게 제공되는 물건들을 가져간다(L2=1).

### M. 집단지도

소라는 자신에게 직접 내려진 지시사항에 주의를 기울이지 않으며, 집단활동에 참여시키려는 모든 시도에도 불구하고 집중을 하지 않는다(모든 M=0).

### N. 학급일과 따르기

소라는 자신의 학습자료를 정돈 한다거나 등교 후에 책가방 걸기와 같은 학급일과들을 전혀 따라하지 않는다(모든 N=0).

### P. 반응 일반화

소라가 습득한 몇 가지 기능들은 그것을 처음 배웠던 상황과 동일한 상황에서만 수행한다(모든 P=0).

## 학업기능

### Q. 읽기 기능

소라는 단어나 글자를 전혀 읽지 못한다(모든 Q=0).

### R. 수학 기능

소라는 숫자를 전혀 인식하지 못하고, 수세기도 할 수 없다(모든 R=0).

### S. 쓰기 기능

종이와 크레용이 주어지면 종이 위에 표시할 수 있지만(S1=1), 줄과 줄 사이에 색을 칠하거나(S2=0), 또는 어느 특정한 부호나 기호를 베끼거나 따라 그릴 수 없으며, 또한 어떤 글자도 쓸 수 없다(S3-8=0).

## 하위 학습자 평가 영역 T – Z

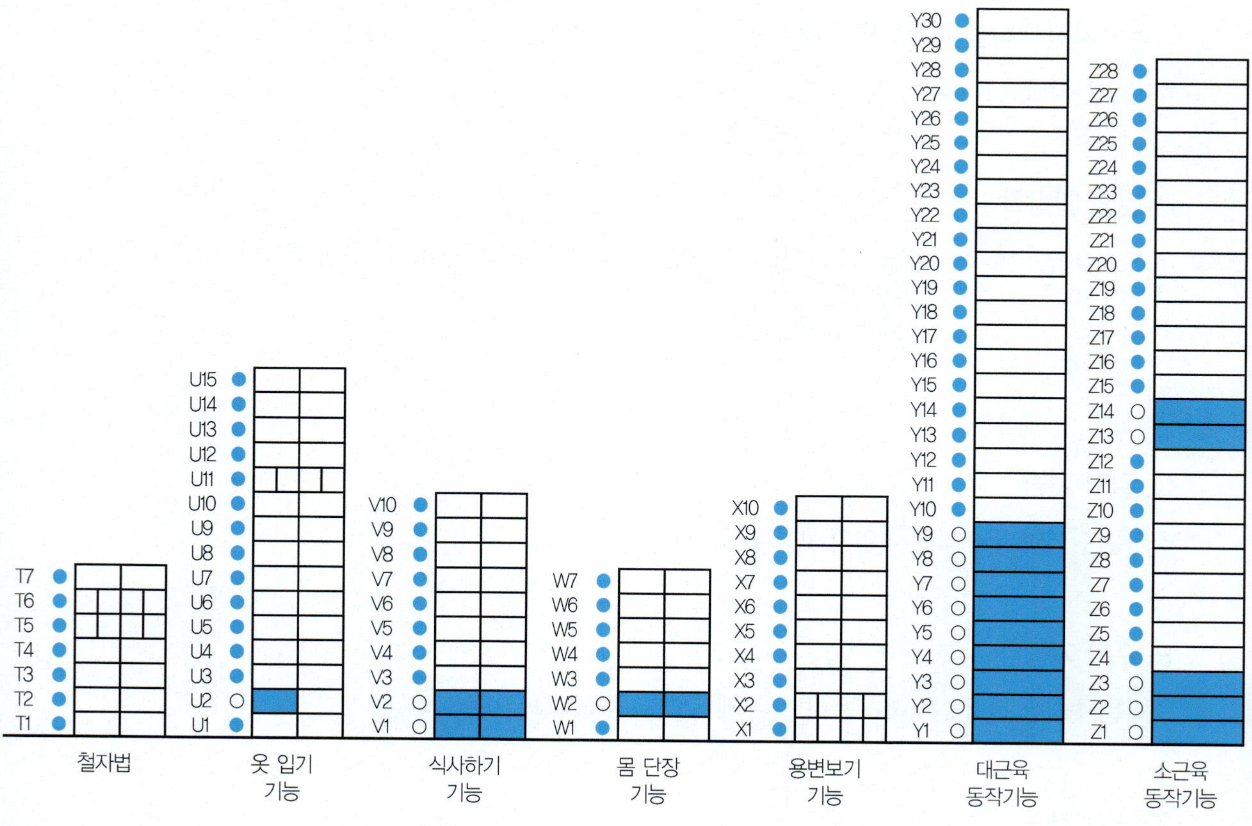

### T. 철자법

소라는 철자를 전혀 모른다(모든 T=0).

## 자조기능

### U. 옷 입기 기능

소라는 신발을 벗을 수 있지만(U2=1), 다른 어떤 옷 입기 기능은 불가능하다(U1과 3–15=0).

### V. 식사하기 기능

소라는 손가락을 사용하여 음식을 입에 넣을 수 있고(V1=2), 빨대로 음료수를 마실 수 있다(V2=2). 그러나 수저를 사용할 수 없으며, 엎지르지 않고 컵을 사용하여 음료수를 마실 수 없다(V3과 4=0).

### W. 몸 단장 기능

소라는 스스로 손을 씻을 수 없지만(W1=0), 다른 사람이 손을 씻어 준 뒤에는 혼자서 종이수건을 사용하여 물기를 닦을 수 있다(W2=2).

### X. 용변보기 기능

소라는 기저귀를 착용하고 있으며 변기에 용변을 보지 못한다(모든 X=0).

## 동작기능

### Y. 대근육 동작기능

소라는 앞 뒤로 걸을 수 있으며, 무릎을 굽힐 수 있고, 잘 달릴 수 있고, 앞으로 점프하거나, 어떤 위치에서 아래로 점프할 수 있다(Y1–7=1). 또한 소라는 깡충깡충 뛸 수 있고(Y8=1), 공을 던질 수 있으며(Y9=1), 세발 자전거를 탈 수 있다(Y16=1).

### Z. 소근육 동작기능

소라는 도형모형들을 모형상자에 넣거나(Z2=1), 간단한 단일조각 삽입퍼즐을 맞추거나(Z3=1), 블록을 쌓거나(Z13=1), 구슬을 실에 꿰거나(Z 14=1), 크레용으로 종이에 표시를 하는(Z1=1) 등의 다양한 소근육 동작을 할 수 있다.

## 소라를 위한 교육 우선순위 결정

소라의 교육프로그램은 교사가 지도하는 다양한 활동에 기꺼이 참여 할 수 있는 능력, 그리고 언어기능을 사용하는 능력을 개발하는 데 중점을 두어야 한다. 소라는 교사가 제시하는 다양한 시각적 자극과 지시에 주위를 기울이는 방법을 배워야 한다. 적극적인 학습활동 참여는 매우 중요하다. 그러므로 교사가 지도하는 활동에 참여하는 시간을 증가시키기 위하여, 소라의 동기를 유발하거나 포착하는 것이 필수적이다.

소라를 활동에 참여시키기 위한 가장 효과적인 방법 중의 하나는 소라가 좋아하는 강화제나 강화활동을 요청하도록(즉, 요청(manding)) 가르치는 것이다. 소라가 강화제를 얻기 위해서 어떤 특정한 물건이나 활동을 요청하는 방법을 가르치는 것 이외에도 다른 사람들이 가지고 있는 물건에 관심을 보이거나, 사회적 상호작용을 위하여 사람들에게 다가 가거나, 다른 사람들을 모방하고, 그리고 지시를 따를 경우에도 강화제를 제공한다. 요청기능을 가르쳐 아동의 협조을 유도하는 절차는 '자폐나 다른 발달장애 아동의 언어 교육'(Teaching Language to Children with Autism or Other Developmental Disabilities (Sundberg & Partington, 1998)) 책에 아주 상세하게 기술 되어 있다.

The ABLLS-R®의 부록 1은 소라의 기능에 대한 검토 결과를 토대로 개발된, 소라에게 적합한 개인별 교육프로그램에 대한 예를 제공하고 있다. 다음의 학습목표에서 소라에게 필요한 구체적인 학습 목표들을 확인할 수 있다. 학습목표에는 주로 The ABLLS-R®의 기본 학습자기능 영역에 있는 여러 기능들이 포함되어 있다.

소라의 협조기능은 다른 기능들의 발달 과정에서 함께 형성되기 때문에(예: 요청 기능) 협조기능의 증가를 위한 학습목표는 별도로 설정하지 않았다. 시각적 수행 영역에는 소라가 블록 디자인 카드 위의 올바른 위치에 블록을 올려 놓을 수 있는 능력을 향상 시키기 위한 목표(목표 1), 간단한 퍼즐을 완성할 수 있는 목표 (목표 2), 물건들이나 그림들을 같은 샘플에 일치시킬 수 있는 능력을 가르치기 위한 목표(목표 3, 4) 등이 포함 되었다. 어떤 특정한 동작을 요구하는 지시(예: "팔을 올려")를 따르는 능력(목표 5), 강화제나 일반 물건을 제시 했을 때 언급한 물건(예: "공을 주겠니")을 수용적으로 선택할 수 있는 능력(목표 6) 등을 포함한 몇 가지 학습목표들이 수용언어 영역에 포함 되었다.

## '하위 학습자' 학습목표

1. 소라는 여분의 블록 없이 디자인 카드 위에 그려진 모양들과 일치하는 블록들을 가지고 5개의 블록까지 일치시킬 수 있다.

2. 소라는 최소한 5개의 맞물림(interlocking) 퍼즐 조각들로 구성된 퍼즐을 완성시킬 수 있다.

3. 3개 또는 그 이상의 물건들을 나란히 제시하고, 그 중의 한 가지와 동일한 물건을 제공하면, 소라는 그것을 동일한 물건에 일치시킬 수 있다.

4. 3개 또는 그 이상의 그림들을 나란히 제시하고, 그 중의 한 가지와 동일한 종류의 물건을 제공하면, 소라는 그것을 동일한 그림에 일치시킬 수 있다.

5. 소라는 최소한 6가지의 간단한 동작들(예: 손뼉치기, 뒤로 돌기, 팔 올리기 등)을 수행하라는 지시를 따를 수 있다.

6. 소라는 최소한 10가지의 물건들을 수용적으로 파악할 수 있다.

7. 소라는 "이렇게 따라 해"라는 지시를 하면서 도구들을 이용하는 어떤 동작들을 보여 주면, 15가지의 도구사용동작을 모방할 수 있다.

8. 소라는 "이렇게 따라 해"라는 지시를 하면서 어떤 동작들을 보여 주면, 최소한 20가지의 대근육 운동동작(예: 손뼉치기, 배 만지기 등)을 모방할 수 있다.

9. 소라는 "이렇게 따라 해"라는 지시를 하면서 어떤 동작들을 보여 주면, 머리, 입, 그리고/또는 혀를 움직이는 최소한 5가지의 동작을 모방할 수 있다.

10. 소라는 요구에 따라 최소한 5가지 다른 소리들을 모방 할 수 있다.

(72쪽에 계속)

소라의 동작 모방기능(목표 7-9)과 음성 모방기능(목표 10)의 발전을 위하여 여러 학습목표들이 제시되었다. 소라가 시각적, 청각적 반응을 따라 할 수 있도록 모방기능을 개발시키는 것이 중요하다. 말하기 능력은 소라의 언어훈련 프로그램에서 가장 중요한 목표가 되어야 한다. 그러나 소라가 목소리를 쉽게 모방하지 못하기 때문에 먼저 운동동작 모방기능을 발전시켜 수화를 배우게 한 다음, 수화(즉, 요청, 정보설명, 내면언어)를 사용하여 의사소통을 할 수 있게 하고, 동시에 목소리로 소리나 단어를 모방할 수 있는 더 어려운 기능을 배울 수 있게 하는 것이 바람직하다.

앞에서 언급했듯이, 소라의 교육프로그램 중에서 중요한 요소 가운데 하나는 강화제나 선호하는 활동을 요구하는 방법을 가르치는 것이다. 소라는 반드시 다양한 강화제들을 요청하는 방법을 배워야 하고(목표11), 요청한 강화제들이 주어졌을 때 자발적으로 이를 받아 들여야 한다(목표12).

다양한 물건들을 구체적으로 요청할 수 있게 된 다음에는, 그 물건의 이름을 말하는 것(즉, 정보설명)을 배우는 것이 매우 중요하다. 그러므로 음성이나 수화를 사용하여 물건의 이름을 말할 수 있도록 이 기능을 학습목표에 포함시켰다(목표 13).

소라는 자발적으로 여러 가지 발화를 잘할 수 있기 때문에 발성, 특별히 말소리(음소) 형태를 직접 강화하는 것이 중요하다. 그러므로 어떤 목표에는 소라가 상호 접촉하는 사람들로부터 그녀의 (비 모방적 발성을 포함하는) 모든 발화에 대하여 촉진이나 강화를 받을 수 있는 기회가 보장되어야 한다(목표 14).

소라의 놀이기능과 또래와의 상호작용을 증진시키기 위한 목표들이 설정되었다. 일반 또래들이 장난감을 가지고 노는 방법을 소라에게 가르치면 그녀가 또래들과 상호작용을 할 수 있는 아주 좋은 기회를 얻을 수 있을 것이다(목표 15). 추가적으로 또래에게 공을 굴리는 동작을 가르치면 소라의 운동동작들이 확장되고(즉, 소라는 이미 공을 주고 받을 수 있음), 또래들의 행동에 관심을 갖는 행동이 직접 형성되며, 사회성과 관련된 소라의 행동이 강화를 받을 수 있을 것이다(목표 16).

### 하위 학습자 학습목표 (계속)

11. 소라는 수화와 발성을 사용하여 적어도 10개의 서로 다른 물건을 요청할 수 있다.

12. 소라는 원하는 물건을 수화와 발성을 사용하여 적어도 하루에 10번 요청한다.

13. 소라는 수화와 발성을 사용하여 적어도 10개의 물건 이름을 말할 수 있다. 이러한 목표는 일단 소라가 적어도 10개의 물건을 요청할 수 있고 이를 수용적으로 파악할 수 있을 때 시작해야 한다.

14. 소라는 말소리를 포함하는 자발적 발성을 기저선보다 50% 이상 향상시킨다.

15. 교사가 2회 이상 신체 촉진을 하지 않아도, 소라는 최소한 2분 이상 적어도 5개의 서로 다른 장난감을 고안된 목적에 적합하게 가지고 놀 수 있다.

16. 소라는 적어도 3회 이상 또래나 어른과 서로 공을 굴려서 주고 받을 수 있다.

17. 교사가 2회 이상 언어 촉진을 하지 않아도, 소라는 오전 일과를(예: 외투 걸기, 개인 사물함에 도시락 넣기, 책가방 걸어 놓기) 수행할 수 있다.

18. 소라는 용변을 보기 위하여 도움 없이 스스로 바지를 내릴 수 있다.

19. 소라는 도움 없이 손을 씻을 수 있다.

20. 소라는 그려진 직선을 그대로 따라 그릴 수 있다.

마지막으로 기본 학습자기능 영역의 특징적인 학습목표는 '학급일과 따르기'이다. 일관되게 학급일과를 따르고 모방하는 것은 소라에게 매우 중요하다. 그러므로 교사들의 촉진 없이도 소라의 일상적인 학급활동(예: 등교 후에 외투 걸기, 도시락을 사물함에 넣기, 정해진 장소로 이동하기)을 가능하게 하는 목표가 포함 되어 있다(목표 17).

현시점에서 기본 학습자기능의 4가지 영역에 대하여 구체적인 목표를 수립하는 것은 적합하지 않다. 왜냐하면, 소라는 말을 잘 못하고 수화도 미숙하기 때문에 내면언어 기능(예: 대화), 또는 구문과 문법 기능에 대한 목표들을 수립할 수 없기 때문이다. 또한 소라는 자신에게 직접 지시가 내려지지 않으면 교사에게 주의를 기울이지 않기 때문에, 현재로서는 집단활동 참여를 향상시키기 위한 목표들을 포함시키지 않는 것이 바람직하다. 초기에는 이러한 기능들이 학급일과 따르기와 사회적 상호작용을 증진시키기 위한 목표들을 통해서 확립될 것이다. 반응 일반화 기능에 대해서는 구체적인 학습목표를 수립하지 않았다. 그 이유는 다른 기능들을 학습하는 과정에서(예: 소라는 일반화된 모방기능을 학습한다), 또한 그 기능들을 다양한 장소(학교, 집, 지역사회 등)와 다양한 사람들에게(여러 교사들, 아동의 부모 등) 사용함으로써 반응 일반화 기능을 습득할 수 있기 때문이다.

비록 자조기능들이 소라를 위한 교육프로그램의 중요한 학습목표가 되어서는 안 되지만 일상생활을 통해서 이 기능들을 개발시키는 것이 바람직하다. 많은 기본 학습자기능들(예: 시각적 자극에 유의하기, 일과 따르기, 간단한 지시 따르기)은 일상적으로 수행하는 기능들을 학습하는 과정에서 자연스럽게 강화될 것이다. 그러므로 화장실에 데리고 갈 때 바지 내리는 것(목표 18)과 손 씻는 것(특히, 소라는 젖은 손의 물기를 닦을 수 있기 때문에)(목표 19)을 가르치기 위한 구체적인 목표들을 포함시켰다.

소라를 위하여 기본적인 학습자기능들을 우선적으로 개발해야 하기 때문에 읽기, 수학, 철자법 기능들을 그것보다 먼저 발달시키려고 시도하는 것은 부적절하다. 그러나 크레용이 주어지면 소라가 종이 위에 표시할 수 있기 때문에 간단한 직선을 따라 그리는 기능을 배우게 하여(목표 20) 종이 위에 그려진 선이나 패턴에 시각적 주위를 기울이도록 가르치는 것이 합리적이다. 또한 이 활동은 소라의 소근육 동작기능의 향상을 가져올 것이다.

# '상위 학습자'의 The ABLLS-R® 사례 검토

## 전반적인 설명

진수는 5세 남아이며 28개월부터 발달지체 아동들을 위한 조기교육프로그램에 등록했고 42개월에 자폐장애 진단을 받았다. 진수는 1년 동안 발달장애 아동들을 위한 특수학급에 다녔고 언어치료사의 상담치료를 받았다. 1년 전부터 자폐아동들에게 전문적으로 서비스를 제공하는 교육프로그램에 참여하고 있다. 이 학교는 비 연속 개별시도 교육과 자연 환경적 교육을 병행하고, 집중적이며 행동원리에 근거한 언어중재 프로그램을 제공하고 있다. 새로운 프로그램을 시작한 이후로 진수는 여러 가지 다양한 기능들을 습득하기 시작했다.

## 기능의 평가

25가지 기능영역에 대한 진수의 기능들을 파악하기 위하여 The ABLLS-R®을 사용하였다. 각 영역마다 진수의 현재 기능들에 대하여 설명하고(각 기능 영역별로 기능 추적표에 표시된 수행 결과는 다음 쪽을 참조), 이어서 그의 교육프로그램의 우선순위를 결정하기 위하여 그 기능들에 대한 분석 내용을 제공하였다. 추가적으로, 진수에 대한 구체적인 학습목표들의 선택과 관련된 이론적 근거를 제공하였다.

## 상위 학습자 평가 영역 A – C

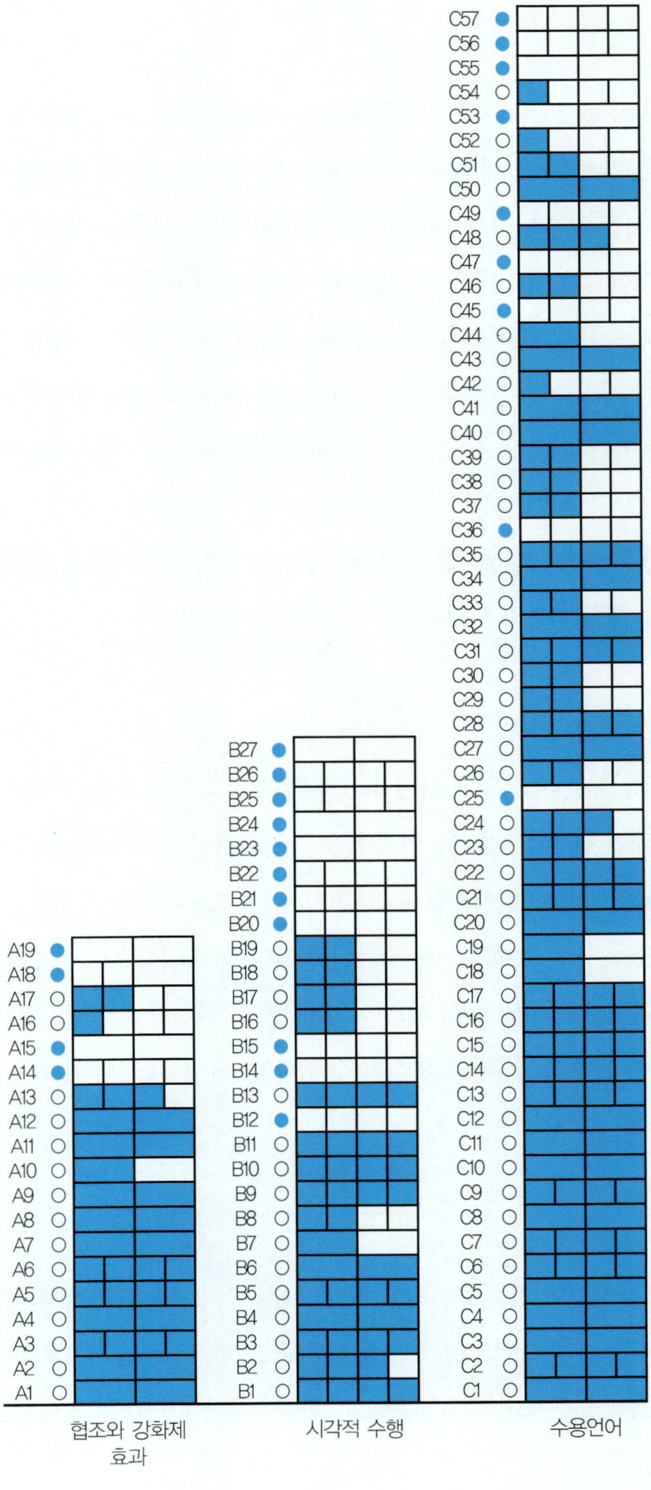

## 기본 학습자기능 영역

### A. 협조와 강화제 효과

진수는 교사의 지도를 받을 때 동기가 쉽게 유발된다(A1-6=최고 점수). 그는 여러 교사들에게 일관되고 적절하게 반응하고(A7=2), 책상에 앉아서 자료들을 가지고 과제를 잘 수행할 수 있다(A8, 9, 11=2, A10=1). 교사의 지시를 이행한 후에 교사의 얼굴을 바라 보지 않으며(A15와 18=0), 과제 완수가 진수의 과제활동에 대한 강화제로 작용하지 않는다 하더라도(A19=0), 진수는 다양한 종류의 음식과 활동을 강화제로 획득하기 위하여 기꺼이 과제를 수행하려고 한다. 교육이 진행되는 동안, 진수가 올바른 반응을 할 때마다 칭찬을 해주고, 서 너 번의 반응마다 2차 강화제를 제공하면, 진수의 반응이 계속 유지될 수 있다(A13=3과 A16=1). 강화제의 제공이 20초 이상 지연되면, 진수의 지도에 어려움이 따른다(A17=2). 진수는 강화제를 기다릴 수 있는 인내력이 부족하기 때문에, 교사가 다른 학생들을 지도하기 위하여 어쩔 수 없이 진수에게 강화제를 자주 제공할 수 없는 소집단 지도 시간에 진수의 분열성 행동이 특히 심해진다.

### B. 시각적 수행

진수는 동일한 물건과 그림들을 서로 일치 시킬 수 있다(B3과 5=4, B4와 6=2). 또한 그는 디자인 카드 위에 그려진 일정한 패턴 위에 6가지 색상의 블록들을 일치시킬 수 있고(B9=4), 그 블록들을 가지고 일정한 순서로 배열된 패턴에 일치시킬 수 있다(B13=4). 그는 블록을 가지고 그림 형태로 제시된 모형과 동일하게 만들 수 없으며(B12=0), 제시된 패턴의 순서 이상으로 더 연장시킬 수 없다(B22=0). 진수는 단일조각으로 구성된 여러 개의 삽입퍼즐들을 완성할 수 있고 (B1=4), 퍼즐 틀이 있는 8조각으로 구성된 여러 개의 퍼즐들을 완성할 수 있다(B10과 11=4). 진수는 퍼즐 틀이 없는 퍼즐들을 완성할 수 없다(B14와 15=0).

### C 수용언어

진수는 상당히 광범위한 수용언어 기능을 가지고 있다. 그는 여러 가지 간단한 지시를 따를 수 있으며(C1-15=최고점수), 150가지 이상의 일반적인 물건들과 그림들을 수용적으로 파악할 수 있다(C16과 17=4). 그는 직접 동작들을 보여주거나(C34=2), 그 동작들을 나타내는 그림들을 선택함으로

써(C35=4), 20가지 이상의 동작들을 수용적으로 파악할 수 있다. 진수는 물건을 어떤 특정한 장소나 사람에게 가지고 갈 수는 있으나(C28=4), 요구한 물건들을 어떤 사람이나 장소로부터 혼자서 가져 오지는 못한다(C29=2). 어떤 물건의 기능이나 특징 가운데 한 가지 또는 그 물건이 소속된 종류에 대하여 설명할 경우에 한해서 그는 단지 몇 가지 물건들을 수용적으로 선택할 수 있다(C37-39=2). 진수는 3개의 전치사와 2개의 대명사에 대한 예를 수용적으로 파악할 수 있다. 그는 색상을 나타내는 7개의 형용사와 색상과 무관한 5개의 형용사를 수용적으로 파악할 수 있다(C24=3).

## D. 동작모방

진수는 대근육 운동동작과 소근육 운동동작을 대부분 모방하지만(D1-8=최고 점수, D9와 10=1), 순서에 따라서 해야 하는 동작들을 잘 모방하지 못한다(D20=1). 또한 그는 시범 동작들을 모방할 때, 그 동작의 속도에 맞게 잘 따라 하지 못한다(D16과 17=1).

## 상위 학습자 평가 영역 D – H

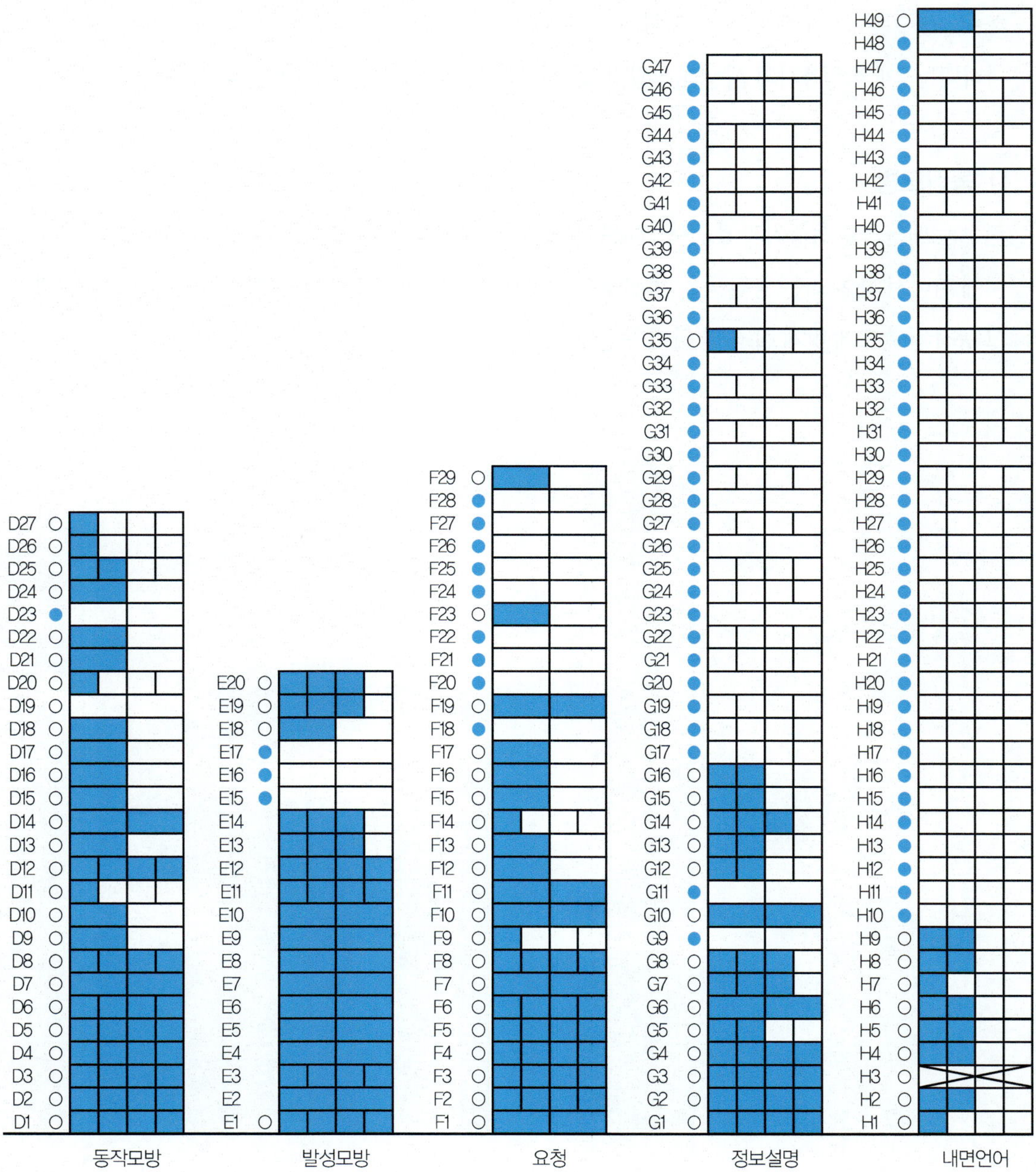

## E. 발성모방

진수는 대부분의 단어들과 1~4개의 단어로 구성된 어절(구)들을 정확하게 모방할 수 있다(E1-12=최고 점수, E13=3). 진수는 자신이 들은 어절을 자발적으로 모방할 수 있지만(E20=3) 시범자의 속도(예: 빠르게와 느리게), 소리의 크기 또는 높낮이를 동일하게 모방하지 못한다(E15-17=0).

## F. 요청

진수는 눈에 보이지 않는 물건들을 포함해서 자신이 원하는 여러 가지 물건들이나 활동을 필요할 때마다 요청할 수 있다(F1-7=최고점수). 그러나 어떤 과제를 수행하는 데 필요한 물건을 요청하지 못하고(F9=1), 이따금 어떤 물건의 이름을 묻는 것 이외에는 그 물건과 관련된 다른 정보를 요청하지 않는다(F19=2, F20과 21=0, F24-28=0). 진수는 그림을 그리고 싶을 때 종이를 요청할 수 있다.

## G. 정보설명

진수는 150가지 이상의 물건들과 10가지 이상의 동작들에 대하여 이름을 말할 수 있다(G1-5=4, G6=2, G7과 8=3). 그는 색상을 나타내는 형용사를 사용하는 것 이외에는 다른 형용사를 사용해서 물건들을 묘사할 수 없다(G13=2). 교사가 여러 가지 물건들을 나열해 놓고 그 중에서 한 가지 물건에 대한 기능 또는 특징을 말했을 때, 진수는 단지 2~3가지의 물건들에 대해서만 이름을 말할 수 있다. 그러나 교사가 여러 가지 물건들을 나열해 놓고 그 중에서 한 가지 물건이 속한 종류에 대해서 설명했을 때, 진수는 그 물건의 이름을 말하지 못한다(G17=0).

## H. 내면언어

비록 진수가 150가지 이상의 물건들과 몇 가지 동작들의 이름을 말할 수 있지만, 눈에 보이지 않는 물건에 대해서는 이와 관련된 대화에 거의 참여 하지 않는다. 그는 1~2가지 노래의 가사 중에서 누락된 몇 가지 단어들을 채워 넣을 수 있고(H1=1), 4가지 동물의 소리를 흉내 낸다(즉, 강아지는 _____ 한다)(H4=2). 질문을 하면 진수는 자기 이름과 나이에 대하여 말하고(H5=2), 거의 5가지 물건들의 기능에 대하여 말할 수 있다(예: 가위는 ___ 위하여 사용한다)(H8과 9=2). 진수는 물건들의 종류를 확인하거나 그 물건들의 특징에 대해서 토론할 수 없다(H16과 17=0).

## 상위 학습자 평가 영역 I – M

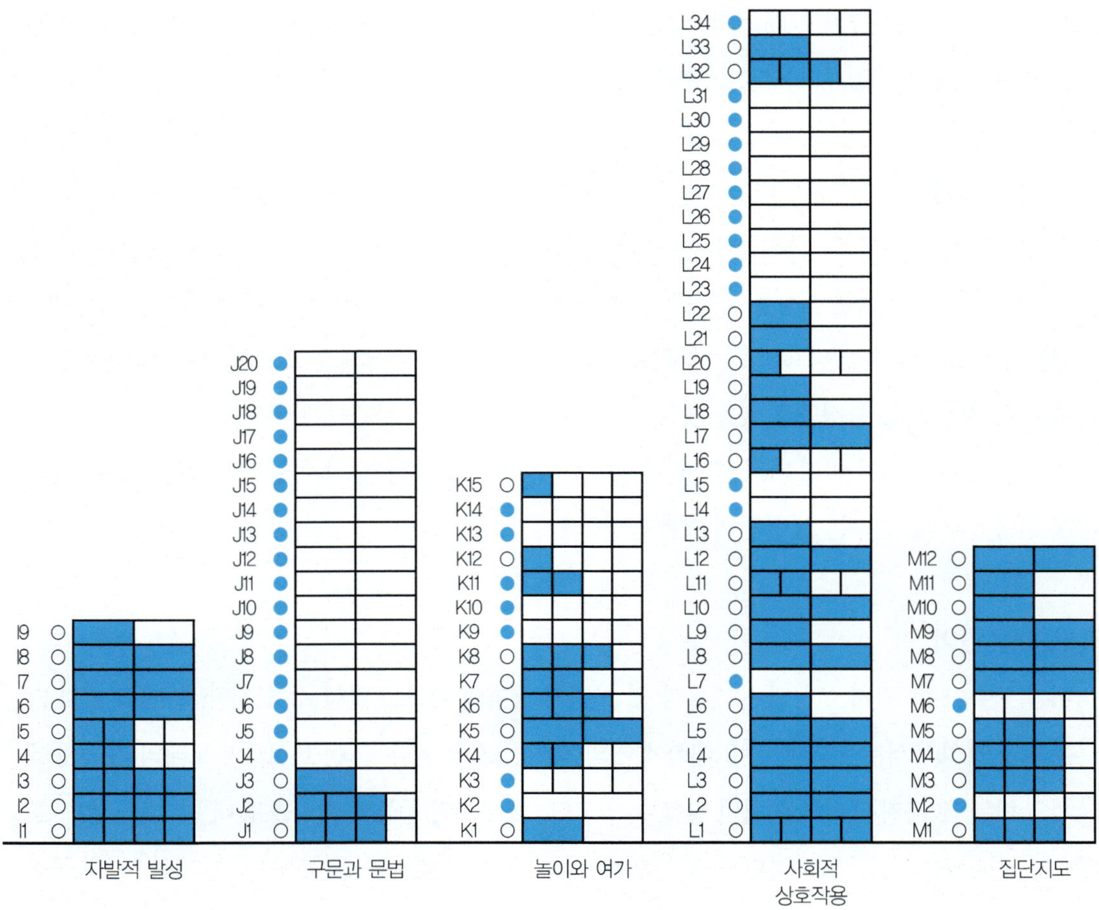

## I. 자발적 발성

진수는 하루 종일 일관되게 언어를 사용한다(I1-3=4). 진수는 물건들이나 활동들을 자발적으로 요청하고(I7=2), 물건의 이름을 말하며(I8=2), 대화 중에 주변에 보이는 물건의 몇 가지 특징을 추가적으로 설명한다(I9=1).

## J. 구문과 문법

비록 짧은 문장이지만, 진수는 올바른 순서에 따라 단어들을 연결한다. 진수는 관형사를 명사와, 그리고 동사 또는 형용사를 명사와 결합시킬 수 있다(J2=3, J3=1). 진수는 과거나 미래 시제를 사용하여 말을 하지 못하며(J6, 9와 13=0), 복수형을 사용하지 못한다(J5=0).

## K. 놀이와 여가 기능

진수는 다양한 종류의 장난감을 고안된 용도에 적합하게 가지고 놀 수 있으며(K5와 7=2), 자신의 놀이활동에 대하여 자주 설명한다(K6=3). 진수는 자신의 장난감을 다른 아동들이 달라고 요청했을 때, 그들과 함께 공유한다(K8=3).

## L. 사회적 상호작용 기능

진수는 또래나 어른들에게 사회적 상호작용을 먼저 시도한다(L5=2). 또한 다른 사람이 먼저 시작한 사회적 상호작용에 대하여 응대한다(L8과 12=2). 진수는 또래나 어른으로부터 인사를 받으면 항상 상대에게 인사를 한다(L10=2). 그러나 또래에게 먼저 인사를 하기 위해서는 촉진을 자주 해야 한다(L12=1). 진수는 다른 사람들과 상호작용을 하려고 노력하지만 여러 번 시도하지 않고 1~2번에 그치고 만다(L6=2, L20=1).

## M. 집단지도

진수는 소집단(교사 1명 대 학생 3명) 지도 시간에 몇 가지 새로운 기능들을 배우기 위하여 자신이 수행 가능한 기능들을 사용할 수 있다(M12=2). 진수는 차례가 되면 알고 있는 질문에 대답을 한다(M11=2). 그러나 집단의 규모가 4명 이상이 되면, 진수의 주의력과 참여 수준은 상당히 감소한다(M1=3, M2=0).

## 상위 학습자 평가 영역 N – S

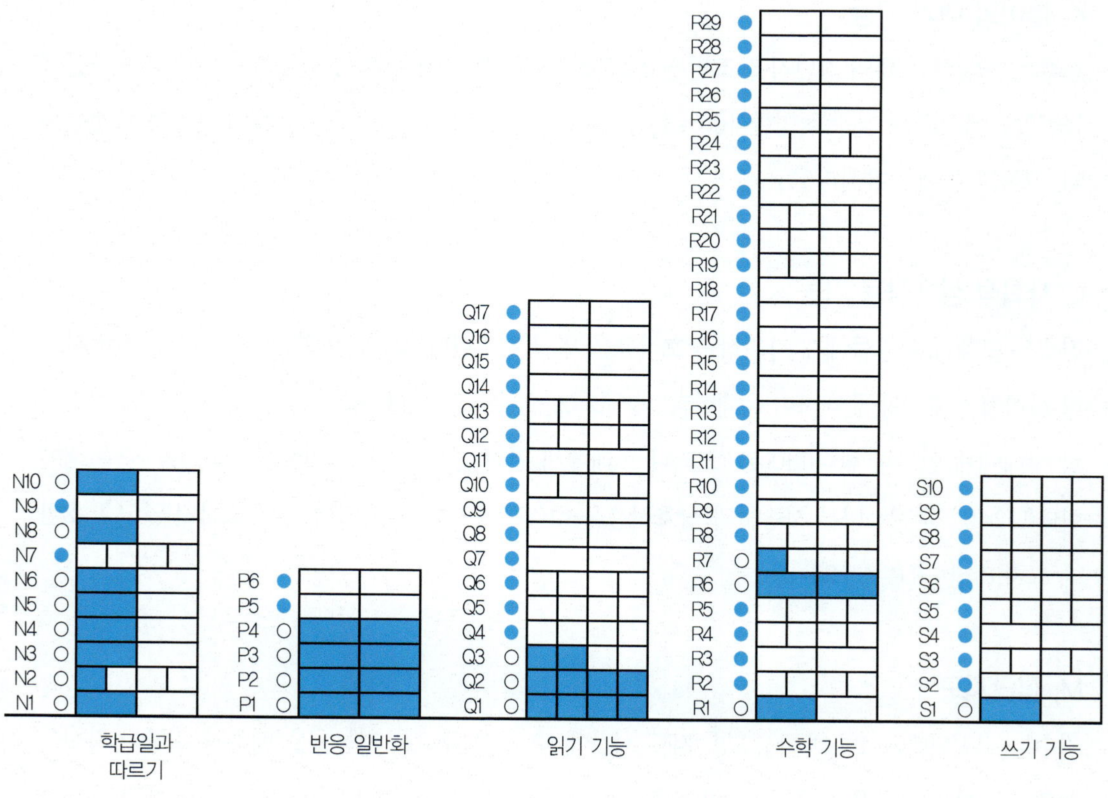

### N. 학급일과 따르기

진수는 자신의 학습자료를 정돈하거나(N8=1), 등교 후에 책가방을 걸어놓는 등 대부분의 학급일과들을 수행할 수 있지만 이러한 과제를 수행하기 위해서는 촉진이 필요하다(N1=1).

### P. 반응 일반화

진수가 습득한 기능들은 새로운 자극이나 상황에서 쉽게 일반화가 가능하며(P1=2), 진수는 이 기능들을 모든 환경에서 다양한 사람들에게 사용할 수 있다(P2=2). 그러나 진수는 자신의 기능들을 배운 그대로 사용할 수 있지만 자발적으로 다양하게 변형시켜 응용하지는 못한다(P5=0).

## 학업기능

### Q. 읽기 기능

진수는 자음과 모음을 수용적으로 파악하고 말할 수 있다(Q1과 2=4). 진수는 글자의 소리를 들려주면 5개의 글자를 선택할 수 있다(Q3=2). 그러나 글자를 보여 주면 그 글자의 소리를 발음할 수 없다(Q4=0). 진수는 단어를 읽을 수 없고(Q10=0), 그림에 단어를 일치시킬 수 없다(Q5=0).

### R. 수학 기능

진수는 1에서 10까지 숫자의 이름을 말할 수 있고(R7=1), 숫자의 개념을 모르면서 기계적으로 8까지 수를 셀 수 있으며(R2=0), 여러 개의 물건 중에서 3개를 골라낼 수 있다(물건을 3개까지 셀 수 있다)(R4=0).

### S. 쓰기 기능

진수는 종이와 크레용이 주어지면 종이 위에 그리거나 표시를 할 수 있지만(S1=1), 어떤 모양의 경계선 안쪽으로 색을 칠할 수 없다(S2=0). 진수는 직선이나 곡선을 정확하게 따라 그릴 수 없다(S3=0).

## 상위 학습자 평가 영역 T – X

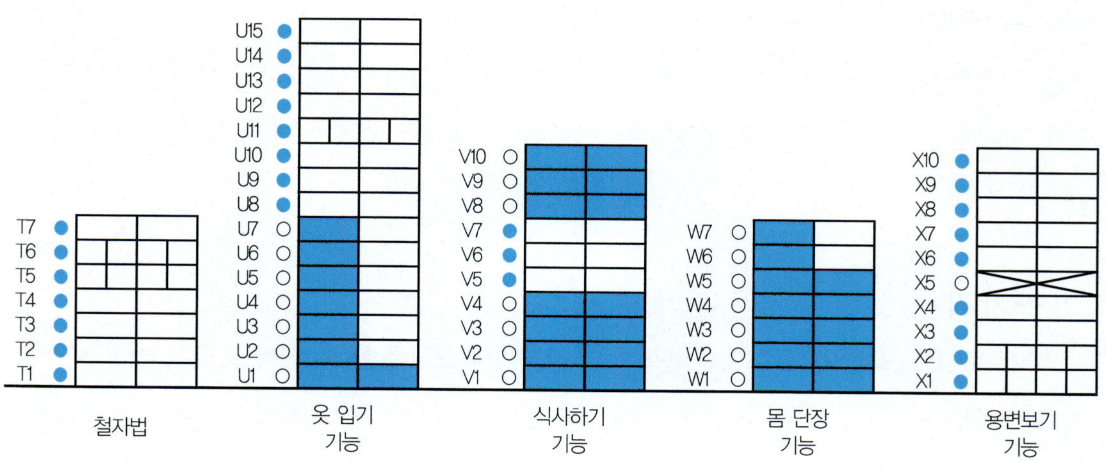

### T. 철자법

진수는 철자를 전혀 모른다(모든 T=0).

## 자조기능

### U. 옷 입기 기능

진수는 용변을 보기 위하여 바지를 내리고 올릴 수 있으며(U1=2), 신발, 양말, 상의를 벗을 수 있다(U2-7=1). 진수는 스스로 옷을 입을 수 없으며, 지퍼를 올리거나 단추를 채울 수 없다(U11-14=0).

### V. 식사하기 기능

진수는 식사할 때 식사 도구를 사용할 수 있고(V4=2), 컵을 사용하여 음료수나 물을 엎지르지 않고 마실 수 있다(V3=2). 진수는 자리를 어지럽히지 않고 깨끗이 식사를 하며, 식사 후에는 음식 쓰레기를 쓰레기통에 버린다(V9와 10=2).

### W. 몸 단장 기능

진수는 혼자서 손이나 얼굴을 씻고 물기를 닦을 수 있다(W1-4=2). 진수는 이를 닦거나 휴지를 사용하여 코를 풀 때 촉진이 필요하다(W6과 7=1).

### X. 용변보기 기능

진수는 기저귀를 착용하고 있으며 변기에 용변을 전혀 보지 못한다. 진수는 기저귀가 젖으면 갈아달라고 요청한다(모든 X=0).

## 상위 학습자 평가 영역 Y – Z

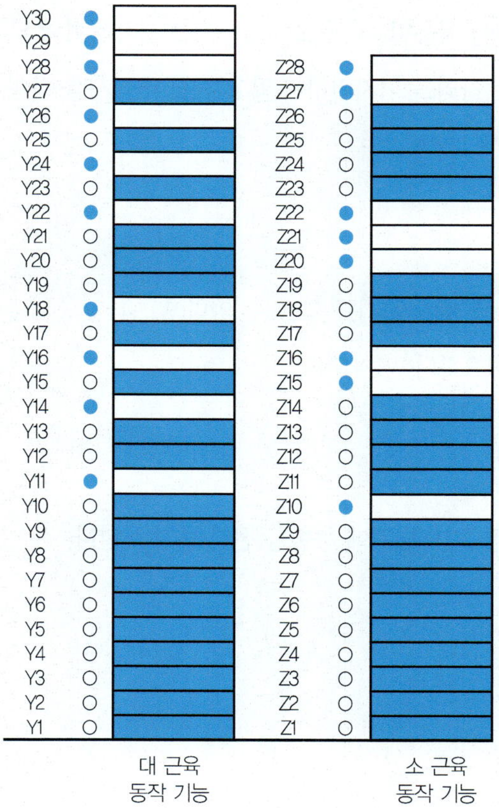

# 동작기능

## Y. 대근육 동작기능

진수는 앞 뒤로 걸을 수 있으며(Y1과 7=1), 깡총깡총 뛸 수 있고(Y8=1), 공을 던지거나 받을 수 있다(Y9와 15=1). 진수는 세발 자전거 타는 것에 흥미가 없고(Y16=0), 서로 주고 받는 동작을 필요로 하는 활동을 어려워한다(Y11과 29=0).

## Z. 소근육 동작기능

진수는 한 조각으로 구성된 간단한 삽입퍼즐을 맞추고(Z3=1), 블록을 쌓고(Z13=1), 구슬을 실에 꿰고(Z14=1), 크레용으로 종이 위에 표시하는(Z1=1) 다양한 형태의 소근육 동작을 할 수 있다. 진수는 용기의 뚜껑을 열지 못하고(Z15=0), 연필을 바르게 사용하지 못하고(Z10, 20과 28=0), 가위를 사용하여 잘 자르지 못한다(Z16과 27=0).

# 진수를 위한 교육 우선순위 결정

기본 학습자기능 부문을 검토해 보면, 진수에게 우선적으로 교육시킬 필요가 있는 여러 가지 중요한 교육적 기능들이 있다. 이러한 기능 분야에는 다양한 언어기능들을 배우고(즉, 보다 높은 수준의 요청과 정보설명 기능, 내면언어 기능), 강화제를 기다렸다가 받을 수 있고, 소집단 수업시간에 학습에 집중하는 시간을 늘리는 것 등을 포함한다.

비록 진수가 150개 이상의 사물을 수용적으로 파악할 수 있고 이름을 말할 수 있으며 몇 개의 동사를 알고 있지만 그의 언어능력은 여전히 한계가 있다. 동작의 이름 말하기와 형용사, 대명사, 그리고 조사와 후치사를 사용하는 기능은 계속 향상되어야 한다. 진수는 눈에 보이지 않는 사물에 대하여 말하는 데 어려움이 있다. 그는 눈에 보이지 않는 사물을 요구하거나 정보를 요청하는 기능을 습득할 필요가 있다. 비록 진수가 현재 자신에게 제시된 지시 사항을 이해하고 있고, 자기에게 중요한 물건들을 다른 사람들에게 요청할 수 있지만, 눈에 보이지 않는 물건들을 요구하는 능력은 여전히 부족하다. 과제 수행에 필요하거나 또는 눈에 보이지 않는 물건을 원할 때, 그 물건을 소유하고 있는 사람이나 그 물건이 있는 위치에 대하여 질문하지 못한다. 그렇기 때문에 이러한 물건들을 요청하는 기능을 습득하는 것이 매우 중요하다.

진수의 내면언어 능력은 현저히 부족하다. 진수는 물건에 대하여 말할 수 있는 능력이 부족하기 때문에 다른 사람과의 사회적 상호작용에 한계가 있다. 비록 그가 다른 사람들과의 상호작용을 자주 시도하지만, 그의 부족한 내면언어 능력 때문에 또래들과의 상호작용에 많은 어려움이 있다. 진수는 눈에 보이지 않는 물건들과 활동들에 대하여 말할 수 있는 능력을 발달시켜야 한다. 이런 기능을 강화하기 위한 중재 방법들은 진수가 잘 할 수 있는 수용언어 기능들을 활용하는 것이다. 즉, 어떤 사물을 기능, 특징, 종류에 따라 수용적으로 파악할 수 있는 기능을 가르치고, 이렇게 형성된 수용언어 기능을 내면언어 기능의 발달을 위하여 활용함으로써 진수의 내면언어 기능이 향상될 것이다(Sunberg & Partington, 1998).

진수가 강화제를 기다리는 능력이 부족하기 때문에 다른 기능들을 더욱 발달시키는 데 있어서 여러 가지 문제점을 내포하고 있다. 강화제가 즉시 제공되지 않을 때마다 진수는 수행 중인 활동에서 이탈하거나 분열성 행동을 한다. 때문에 진수의 강화계획(Reinforcement Schedule)에 대하여 충분히 이해하고 있는 교사들이 진행하는 소집단 교육환경에서만 진수의 학습활동이 가능하다. (적절한 언어와 사회적 상호작용에 관한 다양한 모델을 제공하는) 일반적인 또래집단 속에서 새로운 기능을 습득하기 위해서는, 학습자마다 그에게 적합한 강화계획에 맞추어 강화제를 제공할 수 있는 수업에 참여시키는 것이 바람직하다.

The ABLLS-R®의 부록 2는 진수의 기능에 대한 검토 결과를 토대로 개발된, 진수에게 적합한 개인별 교육프로그램에 대한 예를 제공하고 있다. 다음의 학습목표에서 진수에게 필요한 구체적인 학습 목표들을 확인할 수 있다. 학습목표에는 주로 The ABLLS-R®의 기본 학습자기능 영역에 있는 여러 기능들이 포함되어 있다.

시각적 수행 기능을 향상시킬 수 있는 여러 가지 학습목표들을 설정했다(목표 1, 2, 3). 진수는 시각적 자극에 주의를 기울일 수 있는 능력을 지속적으로 발달시킬 필요가 있다. 진수의 언어기능을 보다 수준 높게 발달시키기 위해서는 사물 간의 위치 관계(예: 후치사)와 사물의 특성(예: 형용사)에 대하여 학습하는 것이 바람직하다.

### 상위 학습자의 학습목표

1. 시각적 패턴 모델(그림이나 사진)의 제시와 함께 그 과제 완성에 필요한 블록들 보다 더 많은 수량의 블록들을 제공했을 때, 그 블록들을 5개까지 사용하여 제시된 패턴과 동일하게 만들 수 있다.

2. 진수는 퍼즐 틀이 없는 여덟 조각(또는 그 이상)으로 구성된 퍼즐을 맞출 수 있다.

3. 여러 개의 물건들로 구성된 일련의 패턴을 제시하면, 진수는 원래의 순서에 따라 그 패턴을 연장하여 배열할 수 있다.

4. 진수는 아는 사람에게 혼자 다가가, 특정한 물건을 요구하여 가져올 수 있다.

(90쪽에 계속)

## 상위 학습자 학습목표 (계속)

5. 진수는 최소한 10가지의 조사나 후치사를 말할 수 있고 수용적으로 파악할 수 있다.

6. 진수는 최소한 6가지의 대명사를 말할 수 있고(즉, 정보설명) 수용적으로 파악할 수 있다.

7. 진수는 2가지의 특성(즉, "빨간색 큰 공")을 가지고 있는 특정한 물건을 선택할 수 있다.

8. 진수는 자신이 알고 있는 최소한 50개의 물건들 중에서, 어떤 물건의 기능, 특징, 또는 종류에 대한 2가지 특성을 설명하고, 3가지 물건을 배열 놓으면 그 중에서 설명에 맞는 한 가지 물건을 선택할 수 있다(예: "먹을 수 있는 것을 골라 보세요").

9. 진수는 모델의 대근육 운동동작을 따라서 할 수 있다.

10. 진수는 별도의 촉진 없이 모델이 하는 일련의 동작을 따라 할 수 있다(즉, '손뼉 치고 무릎 두드리고 책상 두드리기')

11. 진수는 '누가'와 '어디'를 사용하여 질문을 할 수 있다.

12. 진수는 주어진 과제를 완수하기 위하여 자신이 알고 있는 필요한 물건을 요청할 수 있다(즉, 요청).

13. 진수는 (움직이고 있거나 그림에 있는) 20가지의 일반적인 동작에 대하여 그 이름을 말할 수 있다(즉, 정보설명).

14. 여러 개의 그림 또는 물건을 진열하고, 그 물건의 기능, 특징, 종류를 설명해 주었을 때, 그에 적합한 물건의 이름을 최소한 50가지 말할 수 있다.

15. 진수는 색상을 의미하지 않는 최소한 15가지의 형용사(예: 큰/작은)를 사용하여 물건들의 이름을 말할 수 있고 수용적으로 파악할 수 있다(즉, 정보설명).

(92쪽에 계속)

비록 다른 언어기능들 보다 진수의 수용언어 기능이 상대적으로 좋지만 이 기능을 꾸준히 발전시켜야 한다. 그러므로, 조사나 후치사(목표 5) 또는 대명사(목표 6)의 수용적 파악 능력, 그리고 어떤 물건의 특징을 복합적으로 제시했을 때(예: 빨간색 큰 공) 이에 적합한 물건을 식별할 수 있는 능력(목표 7)등을 발달시킬 수 있는 학습목표들이 개발되었다. 또한 진수는 '다른 사람에게 다가 가서 특정 물건을 요청'하도록 하는 지시를 수행하는 방법을 학습하는 것도 필요하다. 또 다른 수용언어 기능에는 물건의 이름을 직접 말하지 않고 그에 대한 어떤 특징을 설명했을 때(예: 네가 먹는 것) 그 물건을 파악할 수 있는 능력(목표 8)을 가르치는 것도 포함되어 있다. 앞에서 언급한 바와 같이, 어떤 물건의 기능이나 특징, 또는 그 물건이 소속된 종류에 대하여 설명했을 때 그 물건을 수용적으로 파악할 수 있는 능력은 아동의 내면언어 기능의 발달에 중요한 역할을 하는 기능이다.

진수의 모방기능을 향상시키기 위하여 2가지 학습목표가 추가 됐다. 비록 그가 여러 가지 동작을 쉽게 모방할 수 있지만, 추가적으로 연속된 일련의 동작을 따라 하고(목표 10), 모델이 보여 주는 동작의 속도에 맞추는 방법을(목표 9) 학습해야 한다. 사회적 활동을 할 때, 특정한 동작을 따라 하는 것뿐만 아니라 그 동작의 속도에 맞추어야 하는 경우가 많이 있다(예: 줄넘기, 다른 학생들과 같이 합창하기).

진수는 여러 가지 언어기능들을 발달시킬 필요가 있다. 앞서 언급한 바와 같이, 눈에 보이지 않는 물건과 그와 관련된 필요한 정보를 요청하는 방법을 학습해야 한다. 그는 최근에 어떤 물건의 이름을 알기 위하여 '무엇'을 사용하여 질문하기 시작했지만, 다른 형태의 질문은 여전히 하지 못한다. 그래서 진수에게 '누가'와 '어디'를 사용하여 질문하는 방법(목표 11)과 과제 완수에 필요한 물건을 요청하는 방법(목표 12)을 학습목표에 포함시켰다. 동작의 이름을 말하는 기능(목표 13)과 형용사(목표 15)의 사용 능력을 향상시키는 기능도 학습목표에 포함시켰다. 또한 여러 가지 물건들을 나열하고 그 중에서 1가지 물건에 대한 정보를 제공하면 그 물건의 이름을 말할 수 있는 기능을 향상시키기 위한(목표 14) 학습목표도 포함시켰다.

진수의 취약한 언어기능은 내면언어 기능이다. 눈에 보이지 않는 물건이나 어떤 활동을 설명할 수 있는 능력을 발달시키는 것도 매우 중요하다. 그러므로 이 영역에서 이런 기능들을 발달시키기 위하여 여러 가지 학습목표가 설정되었다.

## 상위 학습자 학습목표 (계속)

16. 진수는 25가지의 빈칸 채우기 문장을 올바르게 완성할 수 있다(예: “멍멍이는 _____ 이다,” “머리카락이 헝클어지면 너는 ____을 해야 한다.” 등).

17. 진수는 특정한 종류에 속해 있는 구성요소들의 이름을 말할 수 있다.

18. 진수는 개인 신상에 대한 4가지 질문에 답할 수 있다(즉, 이름과 성(성명), 나이 그리고 전화번호).

19. 진수는 동일한 주제와 관련하여 다양한 반응을 하면서 장난감을 가지고 놀기도 하고, 적어도 5가지 활동에 어울리는 장난감을 이용하여 놀기도 하며, 장난감의 용도에 맞게 5가지 장난감을 가지고 논다.

20. 진수는 적어도 5가지의 다른 역할(예: 요리사, 의사, 지휘자)을 하면서 사회성 드라마 활동에 참여할 수 있다.

21. 진수는 촉진 없이 또래에게 인사를 건네면서 서로 인사를 나눌 수 있다.

22. 진수는 자신을 포함하여 4명의 학생으로 구성된 집단에 지시가 내려졌을 때, 자신이 이해하는 지시(예: 알고 있는 물건 만지기, 행동 모방하기 등)를 따를 수 있다.

23. 진수는 집단지도 활동 중에 3명의 다른 학생들과 적절히 차례를 지켜 순서에 따라서 활동을 한다.

24. 진수는 글자의 소리를 듣고 그 이름을 말할 수 있는 글자가 15개 있다.

25. 진수는 적어도 10개의 단어와 그에 상응하는 그림을 일치시킬 수 있다.

26. 진수는 자신에게 주어진 20개 이상의 물건을 가지고 숫자에 맞게 물건을 셀 수 있다.

27. 진수는 1~31까지의 숫자를 말할 수 있다.

(94쪽에 계속)

이를 위하여 어떤 구절의 빈칸에 적절한 단어를 채워 넣고(예: "너는 잠을 ___에서 잔다.")(목표 16), 특정한 종류에 속하는 구성요소들의 이름을 말하고(예: "네가 먹는 음식의 이름을 말해봐.")(목표 17), 그리고 개인 신상에 대한 질문에 대답할 수 있는 기능들을(예: 이름, 전화번호)(목표 18) 학습목표에 포함시켰다.

놀이와 사회적 상호작용 영역에 속하는 기본 학습자기능들에 초점을 맞추기 위하여 진수의 개인별 교육프로그램에 여러 개의 추가적인 학습목표들을 포함시켰다. 이를 위하여 장난감을 이용한 다양한 놀이활동(목표 19), 역할연기(목표 20), 그리고 또래에게 인사를 건네면서 서로 인사 나누기(목표 21)등을 향상시킬 수 있는 학습목표들을 포함시켰다. 또래와의 상호작용 시도와 놀이기능의 증진은 그들로부터 배우고 그들과 상호작용할 수 있는 기회를 아동에게 더 많이 제공한다.

협조와 강화제 효과 부문에 대한 구체적인 목표들이 설정되어 있지 않았지만, 교사들은 강화제가 자주 제공되지 않아도 진수가 학습활동에 효과적으로 참여할 수 있도록 진수의 강화계획을 검토해야 한다. 그가 이미 성공적으로 참여하고 있는 집단(즉, 1:4 대 1:5)보다 규모가 약간 큰 집단의 활동에도 참여할 수 있도록 2개의 목표를 설정하였다(목표 22, 23). 진수가 큰 규모의 집단 활동에 성공적으로 참여할 수 있게 되면, 행동을 형성시킬 수 있는 능력을 보유하고 있는 교사는 진수의 강화계획을 점차적으로 약화시킬 수 있다. 또한 적절한 강화계획에 의하여 분열성 행동을 감소시킬 수 있기 때문에 진수의 개인별 교육프로그램에는 그의 분열성 행동을 감소시키기 위한 목표가 포함되어 있다(목표 34).

기본 학습자기능에 속하는 다른 기능들(발성모방 기능, 자발적 발성 기능, 반응 일반화 기능들)은 다른 기능영역들과 비교해 볼 때 이미 매우 발달되어 있기 때문에 진수의 학습목표로 설정하지 않았다. 비록 학급일과 따르기와 구문과 문법 기능들이 상대적으로 약하다 하더라도, 진수의 학습목표에는 이러한 기능 영역들이 우선순위 영역으로 선정되지 않았다. 학급일과 따르기 기능은 어느 정도 발달되어 있기 때문에 의도적으로 설계된 강화계획 없이도, 단지 촉진을 사용하되 이를 점진적으로 감소시켜 나가는 촉진계획에 의하여 지속적으로 발달시킬 수 있다. 구문과 문법 기능들은 더욱 주의 깊은 학습과정을 통하여 형성시켜 나가야 한다.

## 상위 학습자 학습목표 (계속)

28. 진수는 최소한 20개 정도의 물건들 중에서 어떤 숫자에 해당하는 만큼 그 물건을 옮기면서 수를 셀 수 있다.

29. 진수는 촉진 없이 숫자를 20까지 기계적으로 셀 수 있다.

30. 진수는 단순한 직선이나 곡선, 그리고 어떤 모양을 그것으로부터 5mm 이상 벗어나지 않으면서 따라 그릴 수 있다.

31. 진수는 촉진 없이 선으로 그려진 영역 안에 색을 칠할 수 있다.

32. 진수는 하루에 최소한 2번 변기에 오줌을 눌 수 있다.

33. 진수는 어떤 단순한 모양을 외곽선으로부터 5mm 이상 벗어나지 않으면서 오려낼 수 있다.

34. 진수는 물건을 던지거나 손으로 치는 행동을 기초선의 50% 수준으로 감소시킬 수 있다.

그러나 진수는 비록 제한적이지만 그가 사용 가능한 언어기능들을 이미 올바른 표준 형식에 맞게 사용하고 있다. 더욱 수준 높은 언어기능인 정보설명과 내면언어 기능들을 학습하는 과정에서 제공되는 모방과 강화를 통하여 진수는 이러한 언어기능들을 지속적으로 습득할 수 있게 된다. 일단 여러 가지 실용적 측면에서 진수의 언어기능들이 발달되면(예: 높은 수준의 요청과 정보설명 기능, 내면언어 기능), 그의 언어기능들에 대하여 형식적 측면에서의 특정한 결핍 사항들을 검토해야 한다.

진수가 몇 가지 기본적인 학업기능들을 발달시키기 시작했기 때문에, 읽기기능, 수학기능, 그리고 쓰기기능 영역에서의 그의 능력을 증진시키기 위한 여러 목표들이 학습목표에 포함되었다. 그는 이미 자음과 모음을 말할 수 있고, 그에 상응하는 소리들을 들려 주었을 때 몇 가지 글자들을 수용적으로 파악할 수 있다. 그러므로 몇 가지 글자를 말하고(목표 24) 그리고 단어를 그림에 일치(목표 25)시키는 능력을 향상시키기 위한 목표들이 포함되었다. 수학영역에서 숫자 말하기(목표 27), 기계적으로 수세기(목표 29), 숫자에 맞게 물건들을 일치시키기(목표 28)와 같은 기능들을 향상시키기 위한 여러 개의 목표가 포함되었다. 쓰기영역에서 경계선 내에 색칠하기와 같은 소근육 운동기능들을 발달시키기 위한 목표(목표 31)와 단순한 선을 따라서 그릴 수 있는 능력(목표 30)을 향상시키기 위한 목표들이 포함되었다.

진수의 자조기능과 동작기능들을 발달시키기 위한 나머지 2가지 학습목표가 있다. 진수가 많은 자조기능들(특히 옷 입기 기능)을 수행할 수 있어서, 이러한 여러 기능들을 그의 가정 환경 내의 일상 생활 속에서 발달시켜 나갈 수 있다. 진수는 5살이지만 아직도 용변을 보지 못하기 때문에 용변보기 기능을 가정과 학교에서 함께 훈련해야 한다(목표 32). 신체 각 부분의 협응이 필요한 동작(협응 동작)을 제외하고, 동작기능 영역에서의 진수의 기능들은 매우 잘 발달되어 있다. 그렇지만 몇 가지 소근육 협응 동작의 발달을 돕기 위하여 진수의 가위 사용 능력을 향상시키기 위한 목표를 포함시켰다(목표 33).

# 부록 1

## '하위 학습자'의 기능 추적표와

## 개인별 교육프로그램의 예시

# 언어·학습 기능평가 기능 추적표

평가대상자 : 하위 학습자 사례

| | 평가자 | 날짜 | 색상표시 |
|---|---|---|---|
| 1차 | 박주희 | 5/06 | |
| 2차 | | | |
| 3차 | | | |

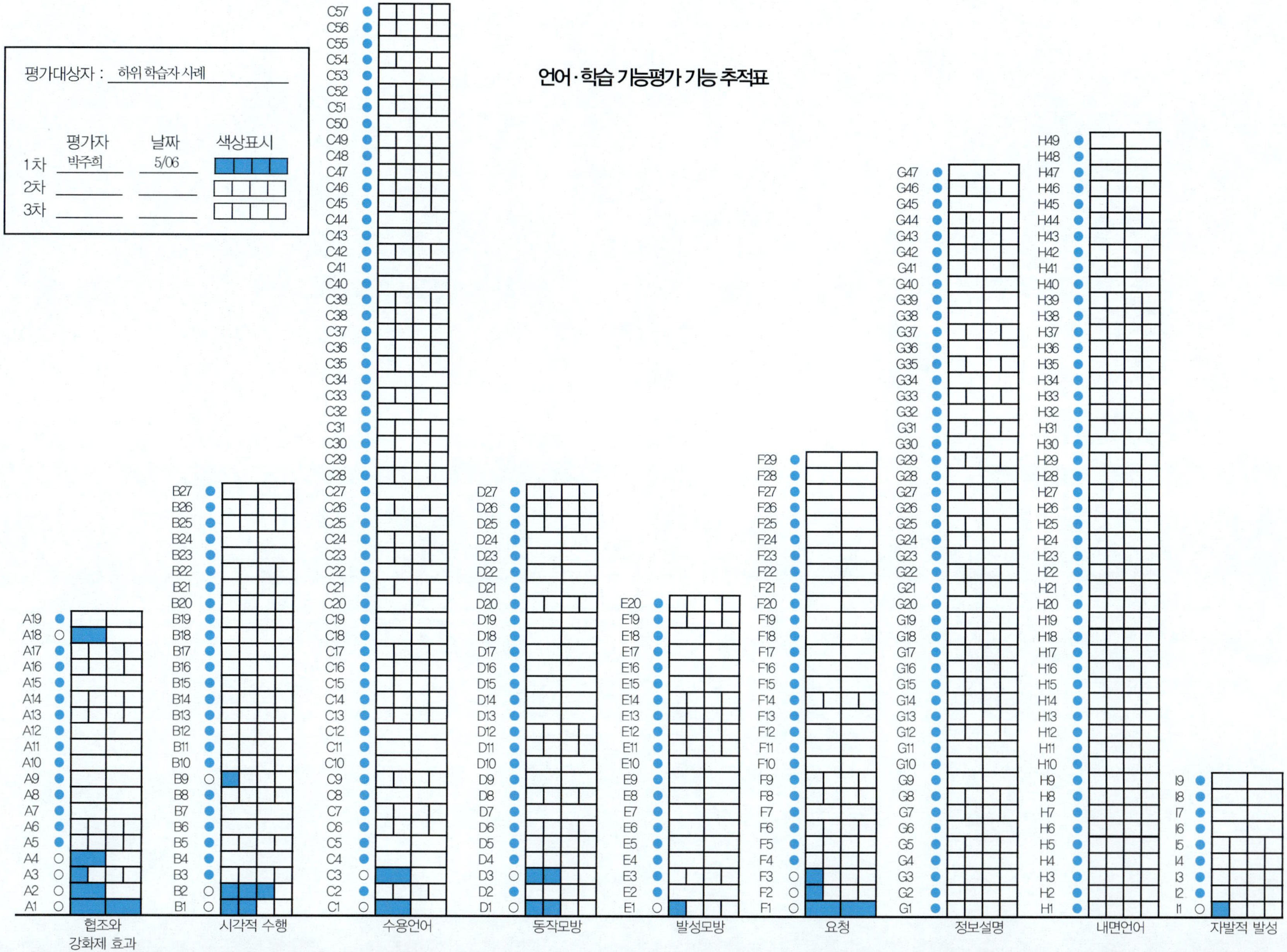

# 언어·학습 기능평가 기능 추적표

평가대상자 : 하위 학습자 사례

| | 평가자 | 날짜 | 색상표시 |
| --- | --- | --- | --- |
| 1차 | 박주희 | 5/06 | ■■■■ |
| 2차 | | | □□□□ |
| 3차 | | | □□□□ |

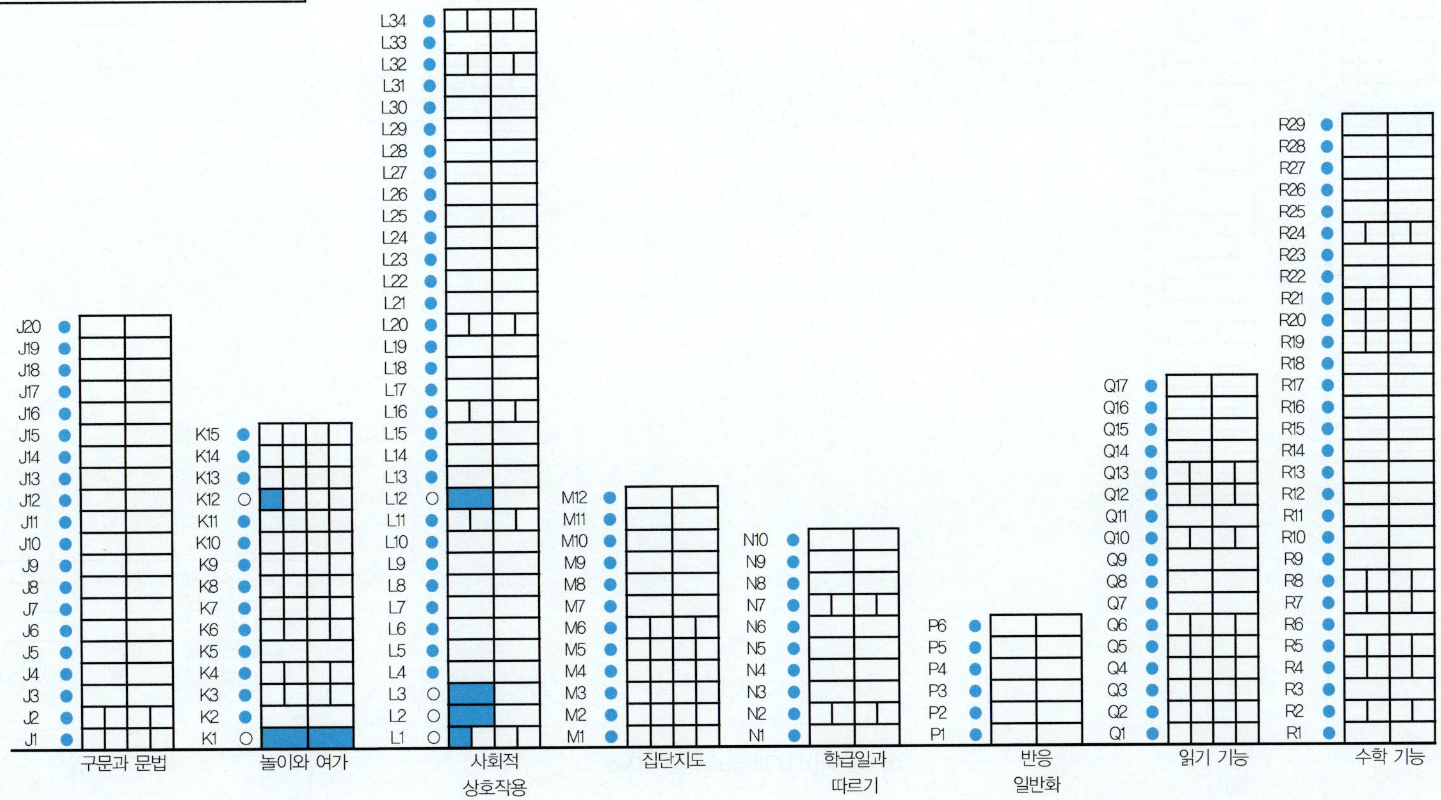

# 언어·학습 기능평가 기능 추적표

평가대상자 : 하위 학습자 사례

| | 평가자 | 날짜 | 색상표시 |
|---|---|---|---|
| 1차 | 박주희 | 5/06 | |
| 2차 | | | |
| 3차 | | | |

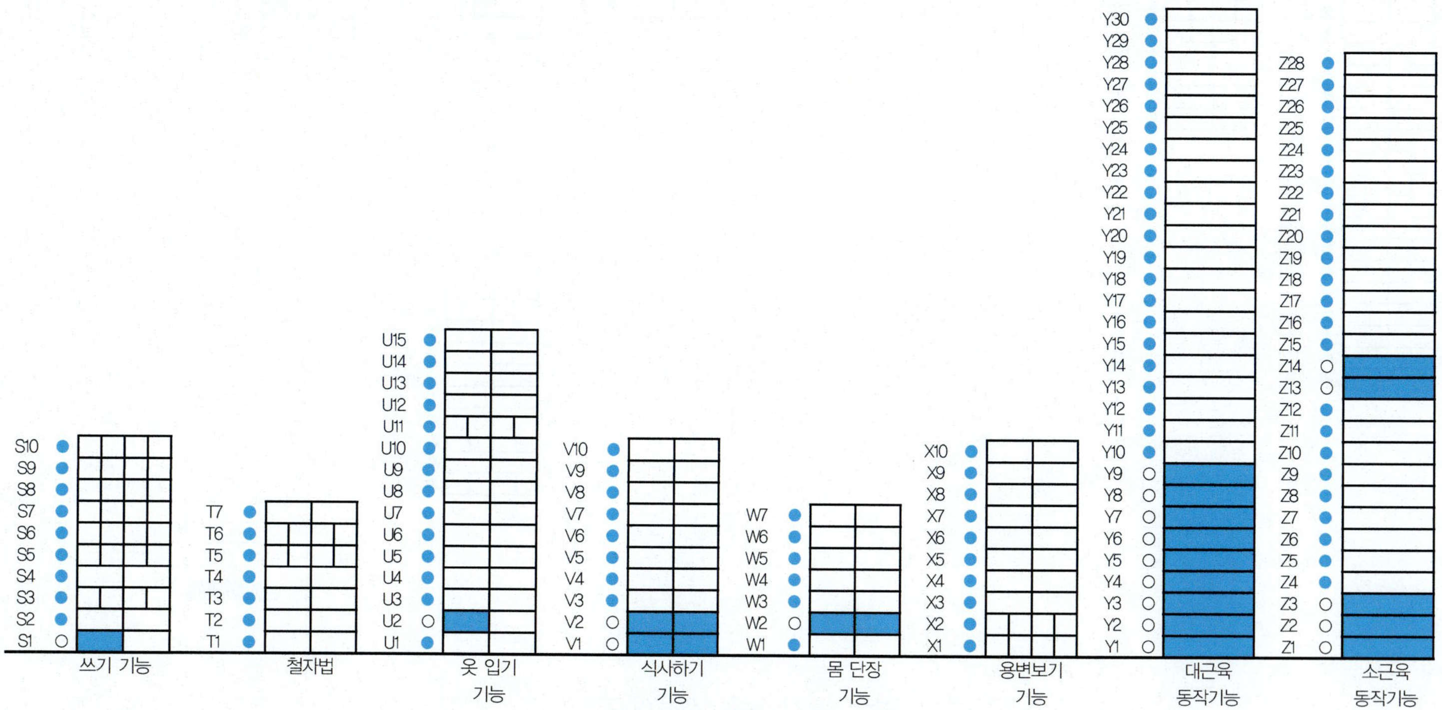

## '하위 학습자의'의 개인별 교육프로그램의 예시

| 현재 수준 | 목표 | 기준 |
|---|---|---|
| **시각적 수행** | | |
| 소라는 블록이 그려져 있는 카드 위에 2개의 블록을 일치 시킬 수 있고(디자인 카드 위에 블록들을 올려 놓아서), 도형퍼즐상자의 도형구멍을 살펴보고 4개의 도형모형들을 알맞은 구멍에 넣을 수 있다(B9=1와 B2=3). | 1. 소라는 제공된 5개의 블록을 가지고 디자인 카드 위의 정확한 위치에 블록들을 일치시킬 수 있다(B9). | 측정 방법<br>( )교사관찰, ( )활동샘플,<br>( X )자료수집<br>80%의 정확성 기준<br>( X )신규, ( )충족, ( )계속, ( )삭제 |
| 소라는 1조각으로 구성된 여러 개의 삽입퍼즐들과 4조각으로 구성된 1개의 퍼즐을 완성할 수 있다(B1=2와 B10=0). | 2. 소라는 퍼즐 틀 안에 5개 이상의 맞물리는 조각들로 구성된 퍼즐을 완성할 수 있다(B10). | 측정 방법<br>( )교사관찰, ( )활동샘플,<br>( X )자료수집<br>80%의 정확성 기준<br>( X )신규, ( )충족, ( )계속, ( )삭제 |
| 소라는 어떤 물건을 그와 동일한 물건에 일치시킬 수 없다(B3=0). | 3. 3개 이상의 물건을 나란히 제시하고 배열된 물건 중의 하나와 일치하는 물건을 제공했을 때, 소라는 그 물건을 동일한 물건에 일치시킬 수 있다(B3). | 측정 방법<br>( )교사관찰, ( )활동샘플,<br>( X )자료수집<br>80%의 정확성 기준<br>( X )신규, ( )충족, ( )계속, ( )삭제 |
| 소라는 물건을 동일한 그림에 일치시킬 수 없다(B4=0). | 4. 3장 이상의 그림을 나란히 제시하고 그 그림에 있는 1개 물건을 제공했을 때, 어떤 그림과 물건을 조합해도 소라는 그 물건을 적절한 그림에 일치시킨다(B4). | 측정 방법<br>( )교사관찰, ( )활동샘플,<br>( X )자료수집<br>80%의 정확성 기준<br>( X )신규, ( )충족, ( )계속, ( )삭제 |

## '하위 학습자의'의 개인별 교육프로그램의 예시

| 현재 수준 | 목표 | 기준 |
|---|---|---|
| **수용언어** | | |
| 소라는 간단한 지시조차도 따를 수 없다(예: 팔 올려! 손뼉 쳐!)(C9=0). | 5. 소라는 최소한 6가지의 간단한 동작수행 지시를 따를 수 있다(예: 손뼉 쳐, 뒤돌아 봐, 팔 올려)(C9). | 측정 방법<br>( )교사관찰, ( )활동샘플,<br>(X)자료수집<br>80%의 정확성 기준<br>(X)신규, ( )충족, ( )계속, ( )삭제 |
| 소라는 물건을 수용적으로 파악할 수 없다(C13=0). | 6. 소라는 최소한 10개의 물건들을 수용적으로 파악할 수 있다(C12, C13). | 측정 방법<br>( )교사관찰, ( )활동샘플,<br>(X)자료수집, ( )언어치료사<br>80%의 정확성 기준<br>(X)신규, ( )충족, ( )계속, ( )삭제 |
| **동작모방** | | |
| 소라는 도구를 사용하는 8개의 동작들을 모방할 수 있다(D1=2) | 7. 동작들을 보여 주면서 따라 하라는 지시를 했을 때, 소라는 도구를 사용하여 15개의 동작들을 모방할 수 있다(D1). | 측정 방법<br>( )교사관찰, ( )활동샘플,<br>(X)자료수집<br>80%의 정확성 기준<br>(X)신규, ( )충족, ( )계속, ( )삭제 |
| 소라는 8개의 대근육 동작들을 모방할 수 있다(D3=2). | 8. 동작들을 보여 주면서 따라 하라는 지시를 했을 때, 소라는 적어도 20개의 대근육 동작을 모방할 수 있다(예: 손뼉치기, 배 만지기)(D3). | 측정 방법<br>( )교사관찰, ( )활동샘플,<br>(X)자료수집, ( )언어치료사<br>80%의 정확성 기준<br>(X)신규, ( )충족, ( )계속, ( )삭제 |
| 소라는 머리, 입, 혀의 움직임을 모방할 수 없다(D9와 D10=0). | 9. 소라는 지시에 따라, 최소한 5개의 머리, 입, 혀의 움직임을 모방할 수 있다(D9, D10). | 측정 방법<br>( )교사관찰, ( )활동샘플,<br>(X)자료수집<br>80%의 정확성 기준<br>(X)신규, ( )충족, ( )계속, ( )삭제 |

## '하위 학습자의'의 개인별 교육프로그램의 예시

| 현재 수준 | 목표 | 기준 |
|---|---|---|
| **발성모방** | | |
| 소라는 "이이이"와 "아아아"를 모방할 수 있다(E1=1). | 10. 소라는 요구에 따라서 최소한 5개의 서로 다른 소리들을 모방한다(E1). | 측정 방법<br>( )교사관찰, ( )활동샘플, (X)자료수집<br>80%의 정확성 기준<br>(X)신규, ( )충족, ( )계속, ( )삭제 |
| **요청** | | |
| 소라는 최근에 사탕과 빵에 대한 수화를 배웠다(F3와 F4=1, F5와 F29=0). | 11. 소라는 수화나 목소리를 사용하여 하루에 최소한 10회 이상 원하는 물건들을 요청한다(F29). | 측정 방법<br>( )교사관찰, ( )활동샘플, (X)자료수집<br>80%의 정확성 기준<br>(X)신규, ( )충족, ( )계속, ( )삭제 |
| 소라는 최근에 사탕과 책에 대한 수화를 배웠다. 그러나 때때로 이 2가지를 혼동한다(F3과 F4=1, F5와 F29=0). | 12. 소라는 수화와 목소리를 사용하여 최소한 10개의 서로 다른 물건들을 요청할 수 있다(F3, F4, F5). | 측정 방법<br>( )교사관찰, ( )활동샘플, (X)자료수집, ( )언어치료사<br>80%의 정확성 기준<br>(X)신규, ( )충족, ( )계속, ( )삭제 |
| **정보설명** | | |
| 소라는 물건들의 이름을 전혀 말할 수 없다(G1, G2=0). | 13. 소라는 수화나 목소리를 사용하여 최소한 10개의 물건 이름을 말할 수 있다(G1, G2).<br>주: 이 목표는 소라가 적어도 10개의 물건을 요청하고 수용적으로 파악할 수 있을 때 시작되어야 한다. | 측정 방법<br>( )교사관찰, ( )활동샘플, (X)자료수집, ( )언어치료사<br>80%의 정확성 기준<br>(X)신규, ( )충족, ( )계속, ( )삭제 |

## '하위 학습자의'의 개인별 교육프로그램의 예시

| 현재 수준 | 목표 | 기준 |
|---|---|---|
| **자발적 발성** | | |
| 소라는 현재 자발적 발성 수준이 매우 낮다(I1=1). | 14. 소라는 말소리를 포함하여 자신의 자발적인 발성을 기초선보다 50%정도 증가시킨다(I1). | 측정 방법<br>( )교사관찰, ( )활동샘플, (X)자료수집<br>80%의 정확성 기준<br>(X)신규, ( )충족, ( )계속, ( )삭제 |
| **놀이와 사회적 상호작용** | | |
| 소라는 장난감을 가지고 잠시 놀 수 있지만 그 장난감의 용도에 맞게 가지고 놀기 위해서는 여러 번의 신체 촉진을 필요로 한다(K1=2 와 K5=0). | 15. 소라는 2회 이하의 신체 촉진으로 적어도 2분 동안 장난감의 용도에 맞게 최소한 5개의 장난감을 가지고 놀 수 있다(K5, K7). | 측정 방법<br>( )교사관찰, ( )활동샘플, (X)자료수집<br>80%의 정확성 기준<br>(X)신규, ( )충족, ( )계속, ( )삭제 |
| 소라는 공을 받거나 던질 수 있다. 그리고 때때로 또래들이 제공한 물건들을 받아 간다(K12=1, L1, L2, L3, L12=1, 다른 모든 L=0). | 16. 소라는 또래나 어른과 최소한 3번 교대로 공을 굴린다(K12와 L4, L9, L12). | 측정 방법<br>(X)교사관찰, ( )활동샘플, ( )자료수집<br>80%의 정확성 기준<br>(X)신규, ( )충족, ( )계속, ( )삭제 |
| **학급일과** | | |
| 소라는 촉진 없이 학급일과를 전혀 따라 하지 못한다(모든 N=0). | 17. 소라는 2번 이하의 언어 촉진으로 자신의 오전 일과를 수행할 수 있다(예: 외투 걸기, 가방 벗어 놓기, 점심도시락 사물함에 넣기)(N1). | 측정 방법<br>(X)교사관찰, ( )활동샘플, ( )자료수집<br>80%의 정확성 기준<br>(X)신규, ( )충족, ( )계속, ( )삭제 |

'하위 학습자의'의 개인별 교육프로그램의 예시

| 현재 수준 | 목표 | 기준 |
|---|---|---|
| **자조기능** | | |
| 소라는 신발을 벗을 수 있으나 이외의 어떤 의복착용 활동도 할 수 없다(U2=1, 다른 모든 U=0). | 18. 소라는 다른 사람의 도움 없이 용변을 보기 위해서 자신의 바지를 내릴 수 있다(U1). | 측정 방법<br>(X)교사관찰, ( )활동샘플, ( )자료수집<br>80%의 정확성 기준<br>(X)신규, ( )충족, ( )계속, ( )삭제 |
| 소라는 언어 촉진을 해야만 손의 물기를 건조시킬(닦을) 수 있다(W2=1, 다른 모든 W=0). | 19. 소라는 다른 사람의 도움 없이도 손을 씻고 건조시킬(닦을) 수 있다(W1, W2). | 측정 방법<br>(X)교사관찰, ( )활동샘플, ( )자료수집<br>80%의 정확성 기준<br>(X)신규, ( )충족, ( )계속, ( )삭제 |
| **소근육 동작** | | |
| 소라는 종이 위에 크레용으로 표시를 할 수 있다. 그러나 경계선 안쪽으로 색을 칠하거나, 단순한 선들을 따라 그릴 수 없다(S1=1, S3=0, Z1=1, Z10과 Z17과 Z20=0). | 20. 소라는 직선을 따라 그릴 수 있다(S3). | 측정 방법<br>( )교사관찰, (X)활동샘플, ( )자료수집<br>80%의 정확성 기준<br>(X)신규, ( )충족, ( )계속, ( )삭제 |

# 부록 2

## ‘상위 학습자’의 기능 추적표와 개인별 교육프로그램의 예시

# 언어·학습 기능평가 기능 추적표

평가대상자 : 상위 학습자 사례

| | 평가자 | 날짜 | 색상표시 |
|---|---|---|---|
| 1차 | 이소영 | 5/06 | |
| 2차 | | | |
| 3차 | | | |

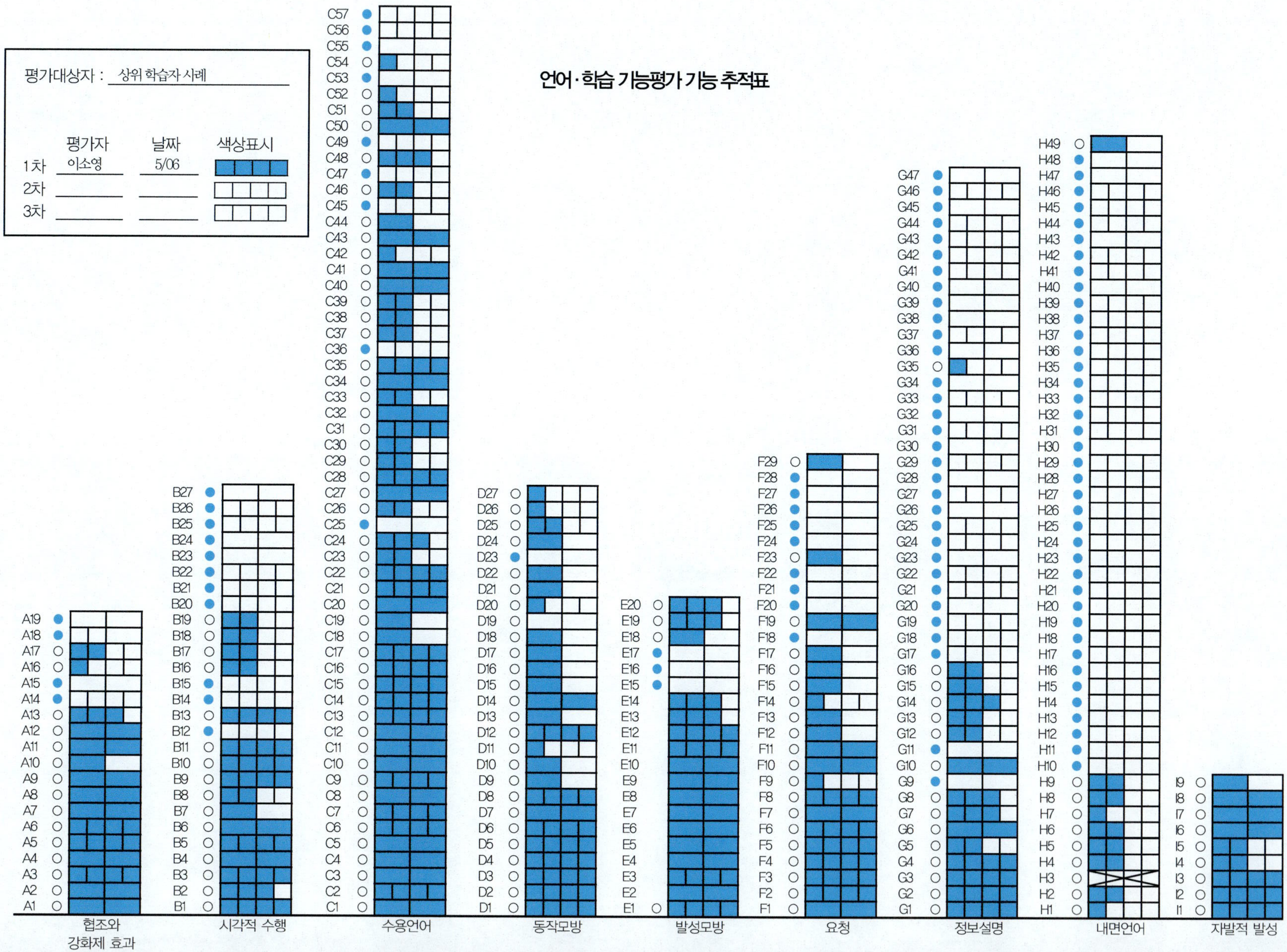

평가대상자 : 상위 학습자 사례

| | 평가자 | 날짜 | 색상표시 |
|---|---|---|---|
| 1차 | 이소영 | 5/06 | |
| 2차 | | | |
| 3차 | | | |

## 언어·학습 기능평가 기능 추적표

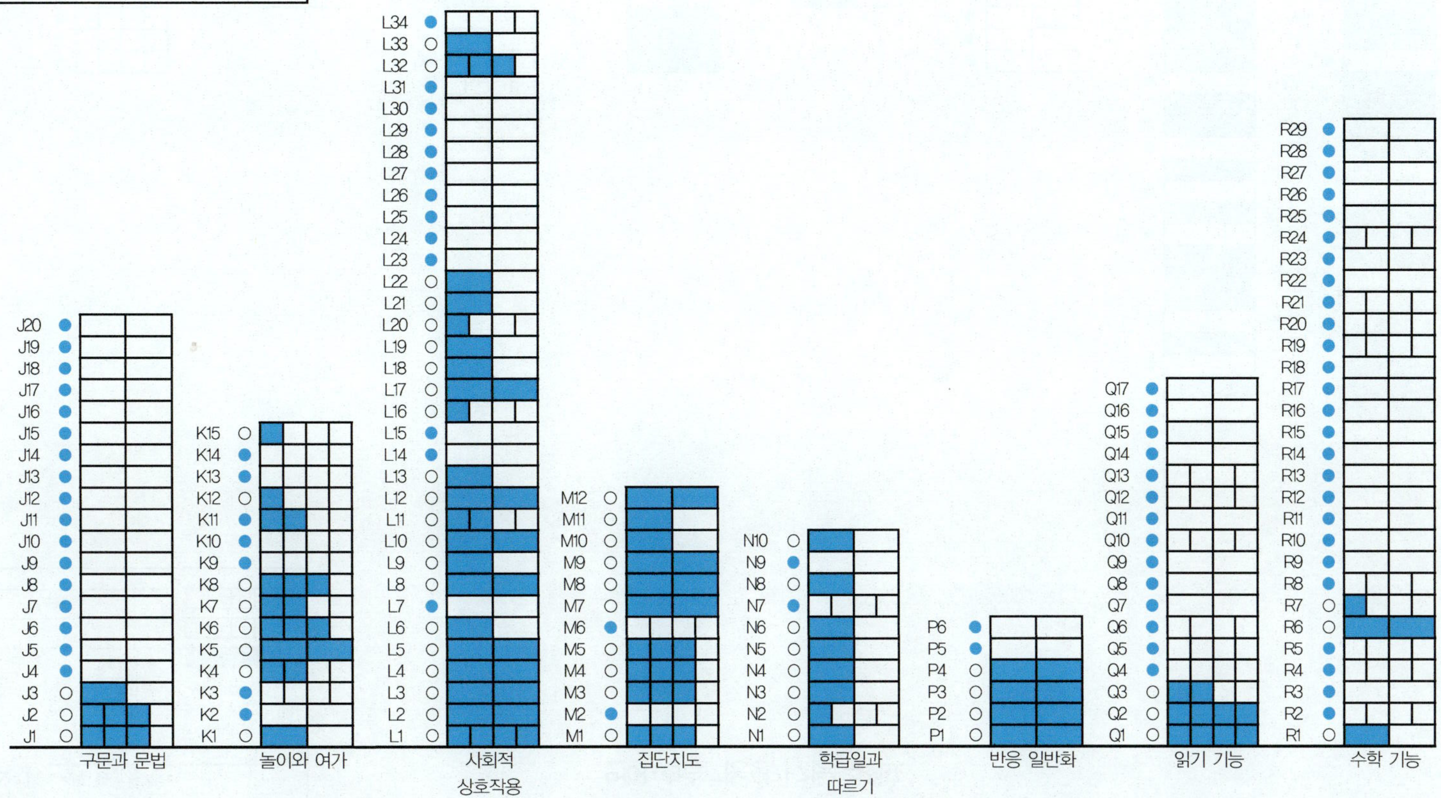

평가대상자 : 상위 학습자 사례

| | 평가자 | 날짜 | 색상표시 |
|---|---|---|---|
| 1차 | 이소영 | 5/06 | |
| 2차 | | | |
| 3차 | | | |

# 언어·학습 기능평가 기능 추적표

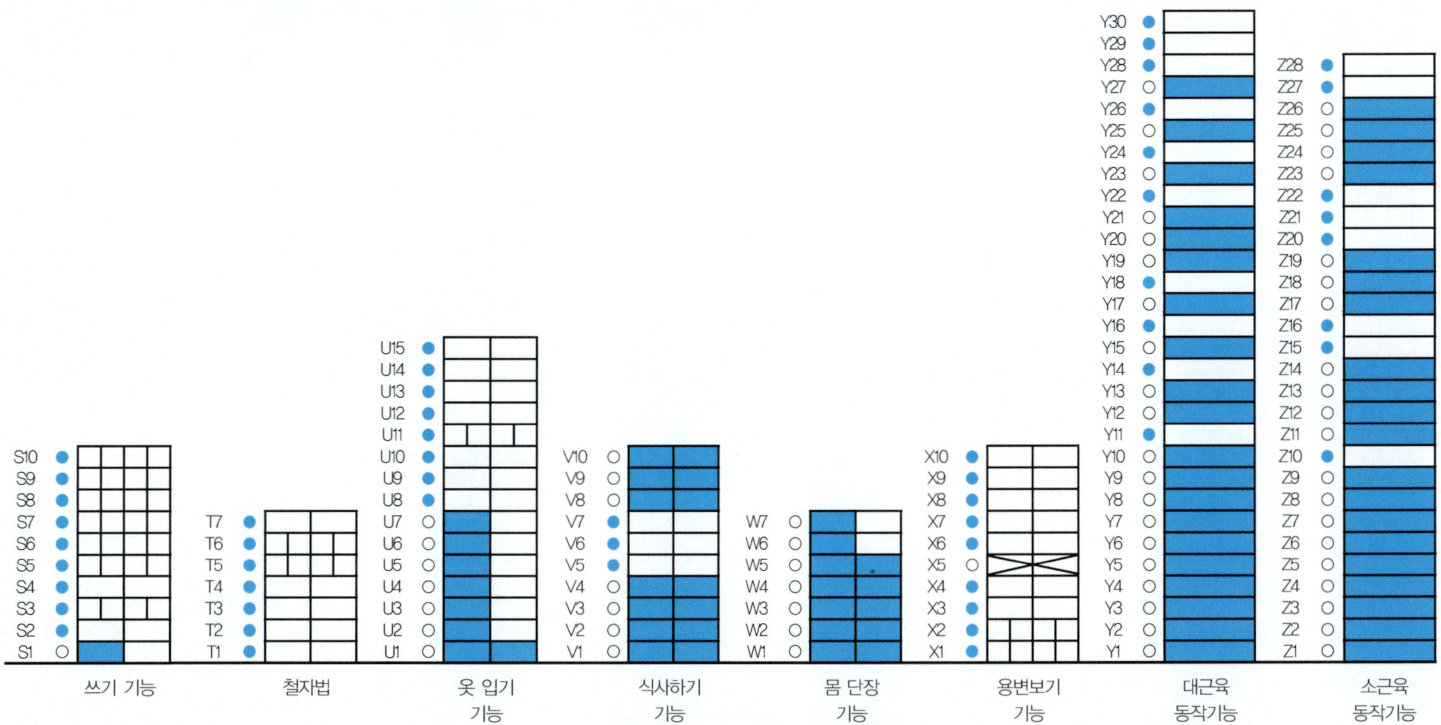

## '상위 학습자'의 개인별 교육프로그램의 예시

| 현재 수준 | 목표 | 기준 |
|---|---|---|
| **시각적 수행** | | |
| 진수는 물건과 그림을 그와 동일한 물건에 일치시킬 수 있고 (B3과 B5=4, B4와 B6=2), 디자인 카드 위의 정확한 위치에 블록들을 올려 놓을 수 있다 (B9=4). | 1. 디자인 카드를 제시하고, 과제완성에 필요한 것 보다 더 많은 수량의 블록을 제공했을 때, 진수는 1~5개의 블록을 사용하여 디자인 카드의 패턴과 일치하는 블록 디자인을 만들 수 있다(B12). | 측정 방법<br>( )교사관찰, ( )활동샘플,<br>(X)자료수집, ( )언어치료사<br>80%의 정확성 기준<br>(X)신규, ( )충족, ( )계속, ( )삭제 |
| 진수는 삽입퍼즐을 완성할 수 있고, 퍼즐 틀 안에 8조각의 퍼즐들을 맞출 수 있다(B1, B10, B11=4). | 2. 진수는 퍼즐 틀 없이 8개 또는 그 이상의 조각들로 구성된 퍼즐들을 맞출 수 있다(B14, B15). | 측정 방법<br>( )교사관찰, ( )활동샘플,<br>(X)자료수집, ( )언어치료사<br>80%의 정확성 기준<br>(X)신규, ( )충족, ( )계속, ( )삭제 |
| 진수는 촉진 없이 'ABAB' 그리고 'ABCABC' 형태의 패턴을 동일하게 만들 수 있다(B13=4). | 3. 물건들이 일정한 순서로 배열된 패턴모형이 제시되었을 때, 진수는 제시된 순서에 따라 물건들을 배열하고, 이에 더하여 그 패턴을 연장시킬 수 있다 (B22). | 측정 방법<br>( )교사관찰, ( )활동샘플,<br>(X)자료수집, ( )언어치료사<br>80%의 정확성 기준<br>(X)신규, ( )충족, ( )계속, ( )삭제 |
| **수용언어** | | |
| 진수는 어떤 특정한 사람이 가지고 있거나, 또는 방안의 특정한 위치에 있는 물건들을 가지고 갈 수 있다(C27=2, C28=4). | 4. 진수는 알고 있는 사람에게 혼자 다가가 어떤 특정한 물건을 요청해서 이를 받아 가지고 돌아 올 수 있다(C29, C30). | 측정 방법<br>( )교사관찰, ( )활동샘플,<br>(X)자료수집, ( )언어치료사<br>80%의 정확성 기준<br>(X)신규, ( )충족, ( )계속, ( )삭제 |

## '상위 학습자'의 개인별 교육프로그램의 예시

| 현재 수준 | 목표 | 기준 |
|---|---|---|
| 진수는 '위에', '안에', '아래에'와 같은 후치사를 수용적으로 파악할 수 있고 이를 사용할 수 있다(C51=2, G35=1). | 5. 진수는 최소한 10개의 후치사들을 수용적으로 파악할 수 있고 이를 사용할 수 있다(C51, G35). | 측정 방법<br>( )교사관찰, ( )활동샘플,<br>(X)자료수집, ( )언어치료사<br>80%의 정확성 기준<br>(X)신규, ( )충족, ( )계속, ( )삭제 |
| 진수는 '너'와 '나'와 같은 대명사를 수용적으로 파악할 수 있다(C52=2, G37=0). | 6. 진수는 최소한 6개의 대명사를 수용적으로 파악할 수 있고 이를 사용할 수 있다(C52, G37). | 측정 방법<br>( )교사관찰, ( )활동샘플,<br>(X)자료수집, ( )언어치료사<br>80%의 정확성 기준<br>(X)신규, ( )충족, ( )계속, ( )삭제 |
| 진수는 최소한 10개의 형용사를 수용적으로 파악할 수 있다(예: 빨간 공)(C24와 C48=3). | 7. 진수는 최소한 2가지 특징을 지닌 특정한 물건들을 선택할 수 있다(예: 크고 빨간 공)(C49). | 측정 방법<br>( )교사관찰, ( )활동샘플,<br>(X)자료수집, ( )언어치료사<br>80%의 정확성 기준<br>(X)신규, ( )충족, ( )계속, ( )삭제 |
| **기능, 특징, 또는 종류에 의한 수용적 파악** | | |
| 진수는 어떤 물건의 기능, 특징, 종류 중에서 어느 1가지를 설명하면 최소한 5개의 물건들을 수용적으로 파악할 수 있다(C37~C39=2). | 8. 3개의 물건들을 나란히 제시하고 그 중에서 1개 물건에 대한 기능, 특징, 종류의 어느 1가지에 대하여 설명하면 이에 적합한 물건을 골라 낼 수 있으며, 최소한 50개의 물건을 이와 같은 방법으로 선택할 수 있다(C37~C39). | 측정 방법<br>( )교사관찰, ( )활동샘플,<br>(X)자료수집, ( )언어치료사<br>80%의 정확성 기준<br>(X)신규, ( )충족, ( )계속, ( )삭제 |

## ‘상위 학습자’의 개인별 교육프로그램의 예시

| 현재 수준 | 목표 | 기준 |
|---|---|---|
| **동작모방** | | |
| 진수는 여러 종류의 동작을 모방할 수 있다. 그러나 동작의 속도에 맞추어 동작을 모방하기 위해서는 1번의 언어 촉진을 필요로 한다(D1~D5=4, D17=1). | 9. 진수는 모델의 대근육 운동동작을 속도에 맞게 모방한다(D17). | 측정 방법<br>( )교사관찰, ( )활동샘플,<br>(X)자료 수집, ( )언어치료사<br>80%의 정확성 기준<br>(X)신규, ( )충족, ( )계속, ( )삭제 |
| 진수는 1번의 언어 촉진으로 2개로 연결된 1가지 동작을 모방할 수 있다(D20=1). | 10. 진수는 추가적인 촉진 없이 연속적으로 연결된 동작을 순서에 따라 모방할 수 있다(예: 손뼉치고 무릎 만지고 손바닥 비비기)(D20). | 측정 방법<br>( )교사관찰, ( )활동샘플<br>(X)자료수집, ( )언어치료사<br>80%의 정확성 기준<br>(X)신규, ( )충족, ( )계속, ( )삭제 |
| **요청** | | |
| 진수는 여러 가지의 물건이나 활동을 요청할 수 있다. 또한 그는 ‘무엇’을 사용하여 질문을 한다. 그러나 ‘누구’ 또는 ‘어디’를 사용하여 질문할 수 없다(F1~F8=최고 점수, F19=2, F20과 F21=0). | 11. 진수는 ‘누구’와 ‘어디’를 사용하여 질문할 수 있다(F20, F21). | 측정 방법<br>( )교사관찰, ( )활동샘플,<br>(X)자료수집, ( )언어치료사<br>80%의 정확성 기준<br>(X)신규, ( )충족, ( )계속, ( )삭제 |
| 진수는 과제 완수에 필요한 물건(예: 종이)을 1가지 요청할 수 있다(F9=1). | 12. 진수는 과제 완수에 필요한 자신이 알고 있는 모든 물건들을 요청할 수 있다(F9). | 측정 방법<br>( )교사관찰, ( )활동샘플,<br>(X)자료수집, ( )언어치료사<br>80%의 정확성 기준<br>(X)신규, ( )충족, ( )계속, ( )삭제 |

## '상위 학습자'의 개인별 교육프로그램의 예시

| 현재수준 | 목표 | 기준 |
|---|---|---|
| **정보설명** | | |
| 진수는 150개 이상의 물건들의 이름을 말하고, 적어도 20개 동작의 그림을 수용적으로 확인하고, 적어도 10개 동작의 그림을 보고 그 이름을 말할 수 있다(C35=4, G1~G4=4, G7과 G8=3). | 13. 진수는 20개의 일반적인 동작들의 이름을 말한다(G7, G8). | 측정 방법<br>( )교사관찰, ( )활동샘플, (X)자료수집, ( )언어치료사<br>80%의 정확성 기준<br>(X)신규, ( )충족, ( )계속, ( )삭제 |
| 물건들의 기능 또는 특징의 어느 1가지에 대하여 설명했을 때, 그 물건의 이름을 적어도 2개 말할 수 있다(G15와 G16=1, G17=0). | 14. 그림이나 물건들을 나란히 배열하고 그들의 기능, 특징, 또는 종류에 대하여 설명했을 때 진수는 적어도 50개의 물건들의 이름을 말한다(G15~G17). | 측정 방법<br>( )교사관찰, ( )활동샘플, (X)자료수집, ( )언어치료사<br>80%의 정확성 기준<br>(X)신규, ( )충족, ( )계속, ( )삭제 |
| 진수는 적어도 10개의 형용사를 수용적으로 확인할 수 있다(예: 빨간 사과). 그러나 색상 이외의 다른 형용사를 사용하여 물건을 말할 수 없다(C24=3, G13=2). | 15. 진수는 색상이 아닌 적어도 15개의 형용사를 (예: 큰/작은) 사용하여 물건들을 수용적으로 파악하고 이름을 말할 수 있다(C24, G13). | 측정 방법<br>( )교사관찰, ( )활동샘플, (X)자료수집, ( )언어치료사<br>80%의 정확성 기준<br>(X)신규, ( )충족, ( )계속, ( )삭제 |
| **내면언어** | | |
| 진수는 물건들의 기능과 관련하여 적어도 5개의 내면언어적 빈칸 채우기를 할 수 있다. 그러나 물건의 특징 또는 종류와 관련된 빈칸을 채울 수 없다(H6=2, H8과 H9=2, H14와 H16~H18=0). | 16. 진수는 내면언어적 빈칸 채우기를 할 수 있다. (예: "둘리는 ___이다." "머리가 헝클어졌을 때, 너는 ___이 필요하다"(H6, H8, H9, H14, H16~H18) | 측정 방법<br>( )교사관찰, ( )활동샘플, (X)자료수집, ( )언어치료사<br>80%의 정확성 기준<br>(X)신규, ( )충족, ( )계속, ( )삭제 |

## '상위 학습자'의 개인별 교육프로그램의 예시

| 현재 수준 | 목표 | 기준 |
|---|---|---|
| 진수는 특정한 종류에 속하는 구성요소들에 대하여 말할 수 없다(H15=0). | 17. 진수는 특정한 종류에 속하는 구성요소들에 대하여 말할 수 있다(H15). | 측정 방법<br>( )교사관찰, ( )활동샘플,<br>(X)자료수집, ( )언어치료사<br>80%의 정확성 기준<br>(X)신규, ( )충족, ( )계속, ( )삭제 |
| 진수는 자신의 이름과 나이를 말할 수 있다(H5=2). | 18. 진수는 개인 신상에 대한 4가지 질문에 대답할 수 있다(성과 이름, 나이, 그리고 전화번호)(H5). | 측정 방법<br>( )교사관찰, ( )활동샘플,<br>(X)자료수집, ( )언어치료사<br>80%의 정확성 기준<br>(X)신규, ( )충족, ( )계속, ( )삭제 |
| | **놀이와 여가** | |
| 진수는 장난감을 가지고 논다. 그러나 장난감을 가지고 다양한 여러 가지 놀이를 하기 위해서는 부분적인 촉진이 필요하다(K7=2). | 19. 진수는 적어도 5가지 활동 또는 5개의 장난감과 관련하여, 어떤 주제를 정하고 그 주제에 일관되게 여러 가지 반응을 하면서 장난감을 가지고 논다(K7). | 측정 방법<br>( )교사관찰, ( )활동샘플,<br>(X)자료수집, ( )언어치료사<br>80%의 정확성 기준<br>(X)신규, ( )충족, ( )계속, ( )삭제 |
| 진수는 놀이를 하지만 어떤 주제를 정해서 놀지 못한다(K10=0). | 20. 진수는 자신이 적어도 5가지 배역(요리사, 의사, 운동선수)을 흉내 내면서 역할극에 참여한다(K10). | 측정 방법<br>( )교사관찰, ( )활동샘플,<br>(X)자료수집, ( )언어치료사<br>80%의 정확성 기준<br>(X)신규, ( )충족, ( )계속, ( )삭제 |

## '상위 학습자'의 개인별 교육프로그램의 예시

| 현재 수준 | 목표 | 기준 |
|---|---|---|
| **사회적 상호작용** | | |
| 진수는 어른들에게는 먼저 인사를 하지만 또래들에게 먼저 인사를 하기 위해서는 부분적인 촉진이 필요하다(L21=1). | 21. 진수는 촉진 없이 또래들과 인사를 주고 받는다(L10, L21). | 측정 방법<br>( )교사관찰, ( )활동샘플,<br>(X)자료수집, ( )언어치료사<br>80%의 정확성 기준<br>(X)신규, ( )충족, ( )계속, ( )삭제 |
| **집단지도** | | |
| 진수는 3명으로 구성된 집단 속에 있을 때, 그 집단 전체에 내려진 지시를 따를 수 있다. 그러나 4명으로 구성된 집단 속에 있게 되면 그의 반응이 상당히 감소한다(M1과 M3–5=3, M2와 M6=0). | 22. 4명으로 구성된 집단 속에 있을 때, 진수는 집단 전체에 내려진 지시를 따른다(예: 물건을 만져라, 동작을 따라 해라)(H1~6). | 측정 방법<br>(X)교사관찰, ( )활동샘플,<br>( )자료수집, ( )언어치료사<br>80%의 정확성<br>(X)신규, ( )충족, ( )계속, ( )삭제 |
| 진수는 4명 이상으로 구성된 집단 속에 있을 때 순서에 따라 교대로 활동하고 질문에 대답하는 데 어려움이 있다(M10과 M11=1). | 23. 진수는 집단지도 활동 중에 3명의 다른 학생들과 함께 순서에 따라 교대로 활동한다(M10, M11). | 측정 방법<br>(X)교사관찰, ( )활동샘플,<br>( )자료수집, ( )언어치료사<br>80%의 정확성 기준<br>(X)신규, ( )충족, ( )계속, ( )삭제 |
| **읽기기능** | | |
| 진수는 자음과 모음을 알고 여러 글자들의 소리를 수용적으로 파악할 수 있다(Q3=2, Q4=0). | 24. 진수는 단자음과 단모음의 조합으로 구성된 140개의 글자 중에서 30개를 말할 수 있다(예: 가, 자, 구, 두, 기, 차, 소, 리)(Q4). | 측정 방법<br>( )교사관찰, ( )활동샘플,<br>(X)자료수집, ( )언어치료사<br>80%의 정확성 기준<br>(X)신규, ( )충족, ( )계속, ( )삭제 |

## '상위 학습자'의 개인별 교육프로그램의 예시

| 현재 수준 | 목표 | 기준 |
|---|---|---|
| 진수는 물건의 그림과 단어를 일치시킬 수 없다(Q5=0). | 25. 진수는 적어도 10개의 단어들을 그에 상응하는 그림에 일치시킬 수 있다(Q5). | 측정 방법<br>( )교사관찰, ( )활동샘플,<br>(X)자료수집, ( )언어치료사<br>80%의 정확성 기준<br>(X)신규, ( )충족, ( )계속, ( )삭제 |
| | 수학기능 | |
| 진수는 숫자를 같은 수의 물건들에 일치시킬 수 없다(R8=0). | 26. 진수는 1~20개의 물건들을 제시하면 그에 맞는 숫자를 일치시킬 수 있다(R8). | 측정 방법<br>( )교사관찰, ( )활동샘플,<br>(X)자료수집, ( )언어치료사<br>80%의 정확성 기준<br>(X)신규, ( )충족, ( )계속, ( )삭제 |
| 진수는 숫자를 1~10까지 말할 수 있다(R7=1). | 27. 진수는 1~31까지 숫자를 말할 수 있다(R7). | 측정 방법<br>( )교사관찰, ( )활동샘플,<br>(X)자료수집, ( )언어치료사<br>80%의 정확성 기준<br>(X)신규, ( )충족, ( )계속, ( )삭제 |
| 진수에게 많은 수의 물건을 제시했을 때 그는 숫자 1~3에 해당하는 만큼 그 물건을 옮기면서 셀 수 있다(R5=0). | 28. 진수에게 많은 수의 물건을 제시했을 때 그는 숫자 1~20에 해당하는 만큼 그 물건을 옮기면서 셀 수 있다(R5). | 측정 방법<br>( )교사관찰, ( )활동샘플,<br>(X)자료수집, ( )언어치료사<br>80%의 정확성 기준<br>(X)신규, ( )충족, ( )계속, ( )삭제 |
| 진수는 숫자를 1~8까지 기계적으로 센다(R1=1, R2=0). | 29. 진수는 촉진 없이 숫자를 1~20까지 기계적으로 센다(R2). | 측정 방법<br>( )교사관찰, ( )활동샘플,<br>(X)자료수집, ( )언어치료사<br>80%의 정확성 기준<br>(X)신규, ( )충족, ( )계속, ( )삭제 |

## '상위 학습자'의 개인별 교육프로그램의 예시

| 현재 수준 | 목표 | 기준 |
|---|---|---|
| **쓰기기능** | | |
| 진수는 선을 따라서 그릴 수 있지만 정확하게 따라 그리지 못한다(S3=0). | 30. 진수는 단순한 직선, 곡선, 그리고 어떤 모양을 그 선에서 5mm 이상 벗어나지 않으면서 따라 그릴 수 있다(S3). | 측정 방법<br>( )교사관찰, (X)활동샘플,<br>( )자료수집, ( )언어치료사<br>80%의 정확성 기준<br>(X)신규, ( )충족, ( )계속, ( )삭제 |
| 진수는 정해진 모양을 벗어나지 않으면서 색칠을 하기 위하여 촉진이 필요하다(S2=0). | 31. 진수는 촉진 없이 정해진 모양 내에 색칠을 할 수 있다(S2, Z10). | 측정 방법<br>( )교사관찰, (X)활동샘플,<br>( )자료수집, ( )언어치료사<br>80%의 정확성 기준<br>(X)신규, ( )충족, ( )계속, ( )삭제 |
| **자조기능** | | |
| 진수는 필요할 때 자신의 기저귀를 교체해 달라고 요구할 수 있다(X1=0). | 32. 진수는 하루에 적어도 2번 변기에 오줌을 눌 수 있다(X1). | 측정 방법<br>( )교사관찰, ( )활동샘플,<br>(X)자료수집, ( )언어치료사<br>80%의 정확성 기준<br>(X)신규, ( )충족, ( )계속, ( )삭제 |
| **소근육 동작** | | |
| 진수는 가위로 자를 수 있지만 선을 따라서 정확히 자르지 못한다(Z16=0). | 33. 진수는 선에서 5mm 이상 벗어나지 않으면서 간단한 모양을 잘라 낼 수 있다(Z16, Z27). | 측정 방법<br>( )교사관찰, (X)활동샘플,<br>( )자료수집, ( )언어치료사<br>80%의 정확성 기준<br>(X)신규, ( )충족, ( )계속, ( )삭제 |

'상위 학습자'의 개인별 교육프로그램의 예시

| 현재 수준 | 목표 | 기준 |
|---|---|---|
| 행동 계획 | | |
| 진수는 하루에 13회기 중에서 거의 4번 학습자료들을 던지거나 손으로 친다(A17=2). | 34. 진수는 학습자료들을 던지거나 손으로 치는 행동이 기초선의 50% 수준으로 감소하였다. | 측정 방법<br>( )교사관찰, (X)활동샘플,<br>(X)자료수집, ( )언어치료사<br>80%의 정확성 기준<br>(X)신규, ( )충족, ( )계속, ( )삭제 |

**제임스 파팅톤**

미국 행동분석전문가(BCBA)인 제임스 파팅톤 박사는 Western Michigan University와 Florida State University에서 심리학 석사와 박사학위를 취득하였고, West Virginia University 등에서 교수를 역임하였으며, The Assessment Basic Language and Learning Skills와 The Assessment Functional Living Skills(공저)를 저술하였다. 현재 Behavior Analysts, Inc의 Director이다.

**그레이스 조**

미국 행동분석전문가(BCBA)인 그레이스 조 박사는 미국 Vanderbilt대학교와 UCLA에서 특수교육학 석사와 박사학위를 취득하였고, 남서울대학교와 미국 George Mason대학교에서 교수를 역임하였으며 보건복지부 장애판별 평가분야의 연구자문위원으로 활동하였다. 현재 미국 Alexandria City Public Schools 특수교육부 Supervisor로 재직하고 있다. 역서로 '자폐성 장애'를 공역하였다.

**명석호**

미국 행동분석전문가인(BCBA) 명석호 대표는 성균관대학교와 남서울대학교에서 경영학과 응용행동분석학을 전공하고 남서울대학교 아동행동치료대학원과 대구사이버대학교에서 겸임교수와 연구교수로 행동의 기능에 대하여 연구하고 후학들에게 행동분석을 지도하였다. SKIABA에서 Clinic Director를, 국립서울병원 행동발달증진센터와 화성오산교육지원청에서 행동지원 자문위원을 역임하였다. 현재 한국행동분석평가교육원에서 장애아동들의 학습기능 프로그램을 운영하고 있다.

ABLLS-R(에이블스)에 대한 문의 사항을 hemovi@naver.com으로 보내주시면 상세하게 안내해드립니다.

## 언어·학습 기능평가 안내서
## ABLLS-R® Guide

**3쇄 발행일** 2019년 3월 29일
**지은이** 제임스 W. 파팅턴
**옮긴이** 그레이스 조, 명석호
**펴낸이** 이정수
**책임 편집** 최민서·신지항
**펴낸곳** 연경문화사
**등록** 1-995호
**주소** 서울시 강서구 양천로 551-24 한화비즈메트로 2차 807호
**대표전화** 02-332-3923 | **팩시밀리** 02-332-3928
**이메일** ykmedia@naver.com
**값** 30,000원
**ISBN** 978-89-8298-155-5 (03370)
978-89-8298-154-8 (세트)


**홈페이지 www.kabc.kr / 이메일 ceo@kabc.kr**

이 도서의 국립중앙도서관 출판시도서목록(CIP)은 서지정보유통지원시스템 홈페이지(http://seoji.nl.go.kr)와 국가자료공동목록시스템(http://www.nl.go.kr/kolisnet)에서 이용하실 수 있습니다.(CIP제어번호: CIP2014001369)